KB220819

추천의 글

피터 레이하트는 최고의 신학 저술가 중 한 사람으로, 세례와 성례聖禮에 대한 참신하고 밀도 있는 연구를 우리에게 안겨주었다. 이 책은 우리가 예수 그리스도 안에서 한 가족이라면, 어느 교파 속해있든 상관없이 모두에게 해당되는, 성례에 대한 지혜를 담고 있다.

티모시 조지Timothy George
샘포드대학교 비슨신학교 교수, 종교개혁성경주석 총편집장

나는 피터 레이하트의 글에 일부분 동의하지 않을 때조차도 항상 즐겁게 읽었다. 그는 진정한 의미에서 뛰어난 문장가다. 세례에 관한 이 새로운 책은 선명하고 명쾌하며 도발적이다. 18세기의 오랜 침례교의 사상에 대한 나의 성향을 고려할 때, 그의 열정적인 글을 읽으면서 때때로 "이것이 사실이라면, 세례의 원형을 다시 그려야 해!"라고 외칠 수밖에 없지만, 여기에는 내가 동의하는 부분들도 많이 있다. 이러한 반대 의견에도 불구하고 나는 이 작품을 강력히 추천한다. 이 책은 오랫동안 논란이 되어온 주제에 대해서 깊고 유익한 묵상을 끌어낸다.

마이클 헤이킨Michael Haykin
남침례교신학교 교회사 교수

이 놀라운 책에서, 피터 레이하트는 세례를 통해 성경의 여러 이야기와 증언이 그리스도 안에서 하나가 되고 성령 안에서 교회에 부어지는 흐름을 발견한다. 이 거대한 물줄기의 흐름에 휩쓸린 독자들은 예배와 사역에 더욱 힘차게 매진하게 될 것이다.

알라스테어 로버츠Alastair Roberts
테오폴리스연구소 연구원, 『출애굽의 메아리』의 저자

세례받은 하나님의 백성들을 위한 이 풍성한 가르침을 칭찬하기에 충분한 수식어를 찾기란 매우 어렵다. 안타깝게도 세례는 기독교인들 사이에서 수많은 분열의 원인이 되고 있다. 하지만 이 놀라운 책을 통해 피터 레이하트는 우리에게 많은 것을 생각하게 한다. 성경 구절로 가득하고 교부들의 명언으로 가득한 이 놀라운 책은 성부, 성자, 성령의 이름으로 세례를 받는다는 것이 어떤 의미인지에 대한 경이로움을 시적으로 묘사했다.

하지만 나는 몇 가지 의문점을 발견하기도 했다. 예를 들어 유아 세례에 반드시 유아 성찬식을 포함할 필요는 없다. 성례를 덜 중시하는 기독교인들이라면 다른 반대 의견도 있을 것이다.

그럼에도 불구하고 이 책은 우리 모두에게 놀라운 선물이며, 하나의 주, 하나의 믿음, 하나의 세례(엡 4:5)에 관한 지속적인 대화를 더욱더 확장해 나갈 것이다. 하나님께서 세례를 통해 주신 모든 선물을 받고, 읽고, 기뻐하라!

해럴드 센크베일Harold Senkbeil

독솔로지: 루터교 영적 돌봄 및 상담 센터 명예 이사장
『영혼 돌봄: 목회자의 마음 기르기』의 저자

피터 레이하트의 신학은 언제나 새롭고 신선하며, 기존 신학에 익숙해진 묵은 공기를 몰아내는 신선한 바람과 같다. 그러나 이 책은 또한 온화하고 목회적이며 이해하기 쉽다. 레이하트는 언제나 학식과 지혜가 넘치는 사람이지만, 이 책은 세례를 받은 사람이든 또는 세례를 받고자 준비하는 사람이든 누구든지 쉽게 접근할 수 있다. 이 책은 청년들을 대상으로 하는 강의나 그리스도 안에서 새로운 삶을 고민하는 청소년들을 위한 훌륭한 교재이다. 세례는 단순히 세례에 관한 것만이 아니다. 삼위일체의 하나님, 기독교 신앙 전체, 그리고 어떻게 하면 더 인간다운 인간이 될 수 있는지에 관한 이야기다.

제이슨 비아시Jason Byassee

밴쿠버신학대학 설교학 및 성서 해석학 버틀러 석좌교수
『다시 예수님께 놀라다』의 저자

세례

◇◆◇

크리스천 에센셜 시리즈
CHRISTIAN ESSENTIALS Series

◆◇◆

시리즈 1 사도신경
벤 마이어스

시리즈 2 주기도문
웨슬리 힐

시리즈 3 십계명
피터 레이하트

시리즈 4 세례
피터 레이하트

시리즈 5 하나님의 말씀
존 클리닉

·
·
·

CHRISTIAN ESSENTIALS

세례

죽음에서 생명으로 인도하는 성례 가이드

크리스천 에센셜 시리즈 4

피터 레이하트 지음
김용균 옮김

세례 죽음에서 생명으로 인도하는 성례 가이드

크리스천 에센셜 시리즈 4

초판 1쇄 인쇄 : 2024년 2월 15일
초판 1쇄 발행 : 2024년 2월 28일

지은이 피터 레이하트 / 옮긴이 김용균
펴낸이 이원우 / 펴낸곳 솔라피데출판사
기획 · 편집 : 이상영
주소 : (10881) 경기도 파주시 문발로 123 파주출판문화정보산업단지
전화 : (031)992-8691 / 팩스 : (031)955-4433
등록 : 제10-1452호 / Email : vsbook@hanmail.net
공급처 : 솔라피데출판유통 / 전화 : (031)992-8691

값 12,000원 / Printed in Korea
ISBN 978-89-5750-124-5

CHRISTIAN ESSENTIALS

BAPTISM

A Guide to Life from Death

Baptism: A Guide to Life from Death
Christian Essentials

Lexham Press, 1313 Commercial St., Bellingham, WA 98225

목차

CHRISTIAN ESSENTIALS

시리즈 머리말

「크리스천 에센셜Christian Essentials」 시리즈는 사도신경, 주기도문, 십계명 등과 같은 기독교 신앙의 본질을 담고 있는 전통을 명확하면서도 이해하기 쉽게 분석하고 풀어내어 독자들에게 전달하기 위해 심혈을 기울여 기획되었다.

그리스도인에게 있어서 신앙의 성장이란 역설적이게도, 다시 처음으로 돌아가는 것이다. 위대한 종교개혁가 마르틴 루터Martin Luther는 이 원리를 다음과 같이 설명하였다. "나도 이제는 나이가 지긋한 학자가 되었지만, 여태껏 십계명이나 사도신경, 주기도문과 같은 기본 교리를 한 번도 소홀히 한 적이 없다. 나는 지금도 여전히 사랑스러운 한스, 레나와 함께 매일 그것들을 배우고 기도한다." 루터는 평생토록 성경을 공부한 자신도 어린 자녀들만큼이나 여전히 예수 그리스도에 대하여 배울 것이 많다고 여겼다.

초대교회는 십계명, 세례, 사도신경, 성찬식, 주기도문, 그리고 공예배와 같은 기본적인 성경의 가르침과 전통들 위에 세워졌다. 사도들의 시대부터 오늘에 이르기까지, 이러한 기독교적 삶의 기초가 노인이든 청년이든, 남자든 여자든, 목회자든 평신도든 상관없이, 모든 믿음의 세대들을 지탱하고 성장시켜 왔다.

> "너희가 다 믿음으로 말미암아 그리스도 예수 안에서 하나님의 아들이 되었으니"(갈 3:26)

우리는 믿음의 선조들과의 만남을 통해서 지혜를 얻는다. 그들은 시대와 문화를 초월해서 우리의 관점을 넓혀준다. C. S. 루이스Clive Staples Lewis는 "모든 세대는 그들만의 고유한 세계관을 가지고 있다. 각자의 관점은 어떠한 진리를 발견하는데 탁월하기도 하지만, 때로는 자칫 실수를 저지를 가능성을 높이기도 한다."라고 말했다. 우리는 현실에 초점은 맞추되, 앞서간 이들로부터 그들이 했던 질문과 통찰을 배워야 한다. 즉, 신앙의 선배들의 삶을 읽어 내려감으로써 우리가 전혀 생각해보지 못한 영적 통찰력을 얻어내는 것이다.

「크리스천 에센셜Christian Essentials」 시리즈는 우리 신앙의 기본이 되는 것들이 가지는 진정한 의미를 일깨워 줄 것이다. 위대한 전통과의 만남은 성경적이면서 강력한 힘으로 우리를 기본으로 돌아가게 할 것이며, 하나님의 자녀들에게 지속적인 성장을 맛보게 할 것이다.

> "이스라엘아 들으라 우리 하나님 여호와는 오직 유일한 여호와이시니 너는 마음을 다하고 뜻을 다하고 힘을 다하여 네 하나님 여호와를 사랑하라 오늘 내가 네게 명하는 이 말씀을 너는 마음에 새기고 네 자녀에게 부지런히 가르치며 집에 앉았을 때에든지 길을 갈 때에든지 누워 있을 때에든지 일어날 때에든지 이 말씀을 강론할 것이며 너는 또 그것을 네 손목에 매어 기호를 삼으며 네 미간에 붙여 표로 삼고 또 네 집 문설주와 바깥 문에 기록할지니라"(신 6:4-9)

ALMIGHTY AND ETERNAL GOD,

who through the flood, according to your righteous
judgment, condemned the unfaithful world, and according
to your great mercy, saved faithful Noah, even eight persons,
and has drowned hard-hearted Pharaoh with all his army
in the Red Sea, and has led your people Israel dry
through it,
thereby prefiguring this bath of your holy baptism,
and through the baptism of your dear child, our Lord
Jesus Christ, has sanctified and set apart the Jordan
and all water for a saving flood,
and an ample washing away of sins:
we pray that through your same infinite mercy you would
graciously look down upon this your child, and bless

her with a right faith in the Spirit,
so that through this saving flood all that was born in her
from Adam and all which she has added thereto might
be drowned and submerged;
and that she may be separated from the unfaithful,
and preserved in the holy ark of Christendom dry and safe,
and may be ever fervent in spirit and joyful in hope to serve
your name,
so that she with all the faithful may be worthy to
inherit your promise of eternal life, through
Christ Jesus our Lord.

AMEN.

Martin Luther's 'Great Flood Prayer'

전능하시고 영원하신 하나님,

당신의 의로운 심판에 따라 홍수로 불의한 세상을 정죄하시되,
큰 자비로 신실한 노아를 비롯해 여덟 사람을 구원하시고,
마음이 완악한 바로와 그의 모든 군대는 홍해에 빠뜨리셨으나,
자기 백성 이스라엘은 바다 가운데 마른 땅으로 건너게 하사
이로써 거룩한 세례의 예표가 되게 하셨나이다.

당신의 사랑하시는 독생자 우리 주 예수 그리스도의 세례로 말미암아
요단강과 세상의 모든 물을 거룩하게 하사 구원의 홍수가 되게 하셨으니,
완전한 죄 씻음을 주셨나이다:

간구하옵기는 이같이 무한한 자비와 은혜로 당신의 자녀를 굽어살피시고,
성령 안에서 순전한 믿음을 가진 이를 축복하사,

이 구원의 홍수로 말미암아 아담에게서 난 모든 것과
여자가 더한 모든 일이 물에 잠겨 사라지게 하소서;

또한 여자를 불의한 자들로부터 구별하사 주의 나라의 거룩한 방주 안으로
보존하여 물로부터 안전하게 하시며, 항상 성령 안에서 열심으로,
소망 중에 즐거워함으로 당신의 이름을 섬기게 하소서.

그리하여 신실한 모든 이들과 함께 영생의 약속을 상속 받기에
합당하게 하시기를 우리 주 예수 그리스도의 이름으로 기도하나이다.

아멘.

마르틴 루터의 '대홍수 기도문'

전능하시고 영원하신 하나님

I

가족, 몸, 성전

"영생의 약속을 상속 받기에 합당하게 하시기를"

세례에 관해 이야기하면 사람들은 곧바로 논쟁의 소용돌이에 빠져든다. 회심자와 어린아이 중 누구에게 세례를 주어야 하는가? 세례를 거행할 때 물에 담그거나, 또는 물을 붓거나 뿌리는 방식 중 어떤 식으로 해야 할까? 세례를 주는 이유는 무엇인가? 하나님의 자녀된 표징인가, 아니면 개종자의 공개적인 신앙고백일까? 세례의 효력은 무엇인가? 아무런 효력도 없는 걸까? 아니면 부분적이든, 전적이든 무언가 효과가 있는 것일까? 세례에 영향력이 있다면 얼마나 계속될까? 잠시 잠깐인가? 아니면 영원히 지속되는 것일까?[1]

교파를 떠나 모든 기독교인은 물로 세례를 베풀고, 삼위일체 하나님의 이름을 부른다. 하지만 그 외에는 일치하는 바가 거의 없다. 세례를 둘러싼 다툼은 아쉬운 비극이다. 교회는 하나의 성령, 하나의 주主, 하나의 소망, 하나의 믿음, 그리고 아버지 한 분에 속한 한 몸이기 때문에 세례도 하나다(엡 4:4-6). 그러나 하나님의 일치의 표징인 세례는 분열의 샘이 되었다. 우리는 토마스Thomas나 칼뱅Calvin, 루터Luther, 또는 존 파이퍼John Piper의 이름으로 세례를 받은 것처럼, 마치 옛 고린도 교회의 교인들처럼 행동한다(고전 1:10-18). 바울의 분노는 수 세기에 걸쳐 메아리친다: "그리스도께서 어찌 나뉘었느냐!"

이 책이 세례로 분열된 교회가 다시 하나됨을 회복하는 데에 작은 힘이나마 보탬이 되기를 바란다. 나의 접근 방식은 다소 우회적으로, 현재의 논란과 분열을 해결할 확실한 해결책은 없다. 그러나 하나됨에 도달하기 위해 우리는 이전 세대의 세례에 대한 통찰을 되찾아야만 한다. 그러기 위해 우리는 기본으로 돌아가 다시 시작해서 위로 올라갈 필요가 있다.

그 기초의 구성 요소는 내가 어디서든 세례를 집례할 때마다 오랫동안 인용해 온 마르틴 루터Martin Luther(1483~1546)의 **'대홍수 기도문'**에 잘 정리되어 있다.

> 전능하시고 영원하신 하나님, 당신의 의로운 심판에 따라 홍수로 불의한 세상을 정죄하시되, 큰 자비로 신실한

노아를 비롯해 여덟 사람을 구원하시고, 마음이 완악한 바로와 그의 모든 군대는 홍해에 빠뜨리셨으나, 자기 백성 이스라엘은 바다 가운데 마른 땅으로 건너게 하사 이로써 거룩한 세례의 예표가 되게 하셨나이다. 당신의 사랑하시는 독생자 우리 주 예수 그리스도의 세례로 말미암아 요단강과 세상의 모든 물을 거룩하게 하사 구원의 홍수가 되게 하셨으니, 완전한 죄 씻음을 주셨나이다: 간구하옵기는 이같이 무한한 자비와 은혜로 당신의 자녀를 굽어살피시고, 성령 안에서 순전한 믿음을 가진 이를 축복하사, 이 구원의 홍수로 말미암아 아담에게서 난 모든 것과 여자가 더한 모든 일이 물에 잠겨 사라지게 하소서; 또한 여자를 불의한 자들로부터 구별하사 주의 나라의 거룩한 방주 안으로 보존하여 물로부터 안전하게 하시며, 항상 성령 안에서 열심으로, 소망 중에 즐거워함으로 당신의 이름을 섬기게 하소서. 그리하여 신실한 모든 이들과 함께 영생의 약속을 상속받기에 합당하게 하시기를 우리 주 예수 그리스도의 이름으로 기도하나이다. 아멘.[2]

성경적 깊이에서, 마르틴 루터의 기도는 타의 추종을 불허한다. 그는 세례를 아담의 죄, 홍수, 출애굽, 예수님의 세례와 연결한다.[3] 루터에 따르면 세례는 우리를 불의한 사람들로부터 구별하고 교회 안에서 우리를 보존하며, 씻기고, 건져내고, 심판하고, 구원하는 엄청난 일을 한다.

일부 그리스도인들은 마르틴 루터가 세례에 부여한 능력에 대해 경악할지도 모른다. 위대한 종교개혁자가 그의 영혼에서 이전에 따르던 가톨릭을 완전히 청산하지 못했다는 증거로 여길 것이다. 하지만 루터의 기도는 이천년에 걸친 기독교 전통의 보편적인 신념을 담아낸 것이다. 서구 가톨릭교와 동방정교회, 그리고 많은 개신교에서도 세례에 대하여 정확히 이렇게 이야기한다.

교회가 이렇게 말하는 이유는 성경이 그러하기 때문이다. 성경은 세례를 **효과적인** 종교의식이라고 증거한다: 세례는 삼위일체의 이름으로 우리를 인치심(마 28:18–20); 죄 씻음(행 2:38a); 성령을 주심(행 2:39b); 우리를 예수님의 죽음과 장례, 부활에 접붙임(롬 6:1–14); 의롭다 하심(롬 6:7); 거룩하게 하심(고전 6:11); 성령 충만한 몸과 연합함(고전 12:12–13); 그리스도로 옷 입음(갈 3:27–29); 거듭남(딛 3:5); 그리고 구원(벧전 3:21)이다. 세례를 받음으로써 우리는 제사장과 왕으로 기름 부음을 받고 오순절 성령 세례를 받은 무리에 합류하게 된다(고전 1:10–18; 엡 4:4–6). 성경은 결코 세례를 세례가 아닌 다른 중요한 무언가를 나타낸다고 표현하지 않는다. 세례는 그 자체로 **효력**이 있다.

세례에 관한 그리스도인들의 이야기에 불편함을 느낀다면, 그것은 우리가 교회에 대한 그들의 믿음을 공감하지 못하기 때문이다. 세례에 대한 오류와 혼란은 교회에 대한 오류와 혼란이다. 시작에 앞서, 세례에 관한 우리의 연구에 구조적으로 근거가 되어주는 마르틴 루터의 **'대홍수 기도문'**의 세 가지 핵심 신념을 살펴보고자 한다.[4]

첫째, **인간은 사회적 존재로 창조되었다.** 우리가 인간으로서 구원을 받았다면 그것은 사회적 피조물로서 구원을 받은 것이다. 구원은 야망, 두려움, 미움, 시기, 탐욕의 상처로부터 옮겨진 공동체, 즉 구원받은 사회로서의 모습을 지녀야 한다. 교회란 하나님께서 악한 욕망, 습관, 상상력으로부터 우리를 옮겨 주셨고 지금도 구원해 주시는 공동체이며, 우리가 최종적인 구원을 향해 나아가는 곳이다. 죄인은 하나님과 피조물, 그리고 다른 사람들과 불협화음을 이룬다. 교회는 조화롭게 조율된 인간성을 회복하는 곳이다. 그래서 교회는 사회적 형태의 구원이다.

신약성경은 교회를 성부의 가족, 성육신하신 성자의 몸, 성령의 전殿으로 표현한다. 이것은 엄연한 **진리**이다. 교회의 일원으로서 우리는 하늘에 계신 아버지의 아들과 딸이자, 그분의 사랑의 보살핌과 훈육의 대상이며, 이러한 사실에는 만약에, 그리고, 또는 그러나와 같은 조건이 전혀 없다. 예수님은 더 이상 인간의 몸으로 계시지 않지만, 교회는 그 어떤 전제 조건이나 가정이 필요 없는 그분의 몸이다. 예수님은 여전히 교회를 통해 세상에 계신다. 예수님과 교회는 아우구스티누스St. Augustine(354~430)가 '온전한 그리스도'(라틴어, *totus Christus*)라고 불렀던 '그리스도'(고전 12:12)라는 하나의 몸이다. 예수님은 성령으로 우리를 통해 일하시며 우리를 그분의 손, 발, 눈, 귀, 심장이 되게 하신다. 성령님께서는 의심할 여지 없이 산돌living stone이자 지체로 이루어진 살아 있는 성전에 생기를 불어넣으신다. 이것은 명백한 진리다.

어떤 자녀들은 아버지를 버리고 떠난다. 열매 없는 가지들은 포도나무에서 가지치기를 당한다. 완고한 죄인들은 성령님께서 너무 비통한 나머지 그들을 떠나시게 만든다. 그들은 어린아이처럼 변심하고, 몸의 장기들처럼 쇠약해지며, 성전의 살아 있는 돌들처럼 죽음을 선택한다. 이 같은 배교자들의 이해할 수 없는 변심에도, 그들이 한때 삼위일체의 하나님과 교제했다는 사실은 바뀌지 않는다.

둘째, **예수님은 부활과 승천을 통해 죽음을 뚫고 다가올 시대의 생명으로 들어가셨다.** 그분은 영원한 영광으로 옷 입으셨으며, 생명으로 넘쳐나는 마지막 아담이시다. 교회는 마지막 아담의 몸이기 때문에 예수님의 생명을 공유한다. 이

영원한 생명은 교회를 통해 세상으로 솟구쳐 나간다. "그런즉 누구든지 그리스도 안에 있으면 새로운 피조물이라!"고 바울은 말한다(고후 5:17). 성령으로 말미암아 교회는 '그리스도 안에' 있다. 우리는 아직 새로운 피조물에 완전히 들어가지 못했고, 부패의 속박에서 피조물의 해방을 위해 성령과 함께 몸부림치고 있다. 그러나 여전히 우리 기업(엡 1:14)의 보증되신 예수님의 영으로 충만한 교회는 불협화음으로 가득 찬 세상에서 최후의 하모니를 이루어내는 속삭임이다.

우리는 바꿀 수 없는 과거가 우리를 노예로 만든다고 생각하지만, 복음은 과거와 미래의 관계를 뒤엎는다. 우리의 미래는 아담의 범죄나 과거의 죄에 의해 결정되지 않는다. 하나님께서는 예수 그리스도 안에서 오직 그분의 언약을 통해 결정된 미래를 열어 놓으셨다. 새 예루살렘을 향한 순례의 여정에서 우리는 목적지인 천국의 기쁨을 미리 맛본다. 우리는 하나님의 말씀 그대로의 우리가 되었으며, 이제야 우리가 원하던 우리가 되었다.

셋째, **예수님을 따르는 사람들은 종교의식에 따라 상징과 성례에 참여한다.**[5] 삼위일체 하나님과의 교제는 기본적으로 혼자만의 골방이나 마음속 깊은 곳, 또는 하늘 위를 떠다니면서 이루어지는 것이 아니다. 하나님과의 만남은 공개적이고 공동체적인 의식 안에서 이루어진다. 교회는 인성과 신성이 공존하는 공동체이며, 아우구스티누스St. Augustine가 말했듯이 모든 공동체는 상징으로 서로 연결되어 있다.[6] 물론 하나님은 세례나 성만찬이 없이도 사람들을 구원하실 수 있지만,[7] 그리스도인의 삶은 일반적으로 세례, 성찬, 공동 기도, 고백과 사죄, 찬송, 성경 읽기와 듣기 등 다양한 예배 의식 또는 상징을 중심으로 이루어진다. 예수님을 따른다고 말하면서 세례를 받지 않거나 성찬에 참여하지 않는 사람은 그리스도의 몸의 지체가 아니다. 그가 무슨 말을 하든 그는 그리스도인이 아니다. 그리스도인은 온전한 그리스도의 말씀, 예전, 상징, 성례를 통해 다가올 하나님이 마련하신 처소에서의 삶을 미리 맛본다. 세례, 설교, 성찬을 지킬 때, 하나님의 생명이 담긴 새로운 피조물의 생명을 누리는 인간을 보게 될 것이다.

이 세 가지 믿음은 서로 연결되어 있다. 교회는 예수님 안에서 시작된 새로운 창조에 속해 있기 때문에 성부의 가족이자, 성자의 몸이며, 성령의 전殿이다. 그리고 교회는 말씀을 듣고, 죄를 고백하고, 주님의 식탁에 참여하고, 세례의 물을 통과함으로써 그 새로운 창조에 동참한다.

계속하여 나아가면서 이 점을 명심하기를 바란다. 세례는 교회의 일원이 되는 관문이다. 내가 "세례는 OOO다."라고 말할 때마다 교회에 대하여 내가 했던 말들을 기억하기 바란다. 세례를 받을 때, 분명 엄청난 일이 일어난다. 그러나 그렇다고 해서 물기가 마르자마자 세례의 효력이 사라지는 것은 아니다. 세례는 목회자, 친구, 멘토가 우리를 훈련하고 우리를 위해 기도하는 교회, 즉 하나님이 식탁에서 그분의 말씀으로 우리를 교훈하고 양육하는 교회에 우리를 속하게 하기 때문에 강력하다. 세례는 예수님께서 허락하셨기 때문에 그 영향력을 발휘한다. 세례는 **교회**가 역동하기 때문에 힘이 있고, 교회는 성령의 인도를 받는 그리스도의 몸이기 때문에 활력이 있다.

교회가 만약 신약성경이 말하는 교회라면, 그리고 세례가 교회로 들어가는 문이라면, 세례는 성부 하나님의 자녀로 입양되고, 성자 그리스도의 몸 안에서 그분과 연합하며, 성령의 전殿에서 산 돌living stone로 쓰임 받는 것과 같은 특정한 일들이 필연적으로 뒤따라야만 한다. 교회가 신약성경에서 주장하는 바로 그 교회라면, 세례는 우리에게 성자와 그분의 영의 부활 생명에 참여하는 기회를 준다. 교회가 정말로 신약성경이 묘사하는 그대로라면, 세례는 새 하늘과 새 땅의 끝없는 기쁨을 향해서 우리를 이끄는 미래의 선물이다. 이것은 참으로 '홍수 속 구원'이다.

당신의 의로운 심판에 따라
홍수로 불의한 세상을 정죄하시되,
큰 자비로 신실한 노아를 비롯해
여덟 사람을 구원하시고

II

구약과 신약의 성례

"거룩한 세례의 예표가 되게 하셨나이다."

세례는 하나의 상징이다. 성경의 역사적인 흐름 속에서 세례를 찾을 때, 우리는 세례가 무엇을 의미하는지 파악할 수 있다. 세례에 대한 우리의 이미지를 새롭게 하려면 성경을 보다 자세히 들여다볼 필요가 있다.

사도들은 구약성경을 예수님에 대한 예표로 읽었는데, 거기에는 오실 구세주에 대한 흐릿한 단서들만 가득했다. 예수님은 마지막 아담(롬 5:12-21), 아브라함의 자손이자 되살아난 이삭(히 11:17-19), 살아 계신 하나님의 성전(요 1:14, 2:13-22), 다윗의 자손(롬 1:1-4), 모세와 같은 선지자로서 죄와 사망의 애굽에서 그분의 백성을 새로운 구원으로 인도하시는 분(눅 9:31, 행 3:22, 7:37)이시다. 예수님은 구약성경의 모든 수수께끼를 푸는 열쇠가 되신다. 2세기 그리스의 주교였던 이레나이우스St. Irenaeus of Lyons(140~203)는 이를 설명하기 위해 아름다운 이미지를 사용했다. 구약성경은 모자이크의 조각들로 이루어져 있으며, 모든 조각을 모으면 잘생긴 왕자이자, 평화의 왕이신 예수님의 얼굴이 그려진다는 것이다.[8] 교부들은 구약성경의 조각들을 '모형types(헬라어, *tyopi*에서 유래)'이라 부르며, 예수님을 모든 조각을 하나로 모은 성취 또는 '원형'으로 보았다.[9]

이것은 세례와 밀접한 관련이 있다. 예수님의 세례는 원초적인 세례다. 어떤 의미에서 예수님의 세례는 일회적이며 유일무이한 세례다. 나머지 모든 세례는 우리를 예수님의 세례와 연합시킨다. 그래서 사도들은 구약성경에서 예수님의 세례 장면을 연상시키는 상징적인 사건들을 연구한 것이다. 예수님처럼, 세례는 성경의 모든 위대한 사건과 인물들을 한곳으로 끌어모은다. 세례는 우리를 하나님의 살아 계신 말씀으로 가득 찬 하나님의 살아 있는 편지가 되게 한다.

세례는 에덴동산에 흘렀던 창조의 물, 노아의 홍수(벧전 3:18-22), 홍해를 가로지른 이스라엘 자손들의 출애굽(고전 10:1-5)에 의해 예표된 사건이다. 교부들은 여호수아의 요단강 도하, 흠뻑 젖은 제단에서 드려진 엘리야의 제사, 물에 잠긴 쇠도끼를 떠오르게 한 엘리사의 기적, 아람의 군대 장관 나아만의 치유, 벳세다의 앉은뱅이와 맹인을 고치신 예수님의 치유에서 세례의 모형을 찾았다.[10] 예수님은 모자이크의 반짝이는 모든 조각을 아름다운 그림으로 이어붙이신다. 우리가 세례를 받아 '온전한 그리스도'의 지체가 될 때, 예수님의 모자이크의 모든 조각이 우리 형상의 일부가 된다. 예수님을 예표하는 모든 모형은 세례받는 사람들을 예표하는 것이기도 하다.

아우구스티누스St. Augustine는 문법적인 예시를 통해 옛 언약과 새 언약의 차이를 설명한다. 미래 시제를 사용하면, "메시아가 부활하실 것이다(The Messiah will be raised)"라는 말이 되고, 완료 시제를 쓰면, "메시아가 살아나셨다(The Messiah has been raised)"라는 말이 된다. 어근이 동일하기 때문에 두 구문은 동일한 현실을 가리킨다. 라틴어에서는 어미만 바뀌지만, 이 작은 형태 변화로 인해 "새 삶을 **소망**합니다"와 "새 삶을 **시작**했습니다"의 차이처럼 의미에 큰 변화가 생긴다.[11]

성경의 종교의식들은 언어의 어근과 같다. 모두 공통된 의미를 지닌다. 모두 예수님 안에서 성취된 하나님의 약속을 나타낸다. 예수님은 모든 성경적 의식儀式의 의미가 되지만, 종교의식의 형태는 시대에 따라 달라진다. 미래 시제로서 할례 의식은 메시아의 도래와 승리에 대한 이스라엘의 소망을 의미하며, 현재 시제로서 세례는 메시아가 오셨음을 알리는 표징이다. 예수님은 이스라엘과 교회의 종교의식에 의해 결합된 약속의 말씀이시다.

세례는 이레나이우스St. Irenaeus가 말한 기쁜 소식, 곧 왕의 아들이 세상에 오셨다는 복음의 현존하는(현재형) 표징이다. 그렇게 세례는 세상을 향하여 선언한다. 세례는 우리가 아브라함, 모세, 다윗, 예레미야의 세상에 살고 있지 않다는 것을 알려준다. 우리는 우리가 AD(*Anno Domini*, '우리 주님의 해')라고 부르는 시대, 즉 왕이신 예수님께서 다스리시는 새로운 세상과 새로운 시대에 살고 있다. 지구촌 곳곳에서 기독교식 세례가 행해지고 있다는 사실만으로도 세상에 예수님이 오셨다는 것을 알 수 있다. 세례는 "때가 찼고! 하나님의 나라가 가까이 왔다!"라고 외친다. 세례는 예수님과 성령님께서 완성하셨으며, 아버지께서도 약속하신 모든 것을 완성하셨고(고후 1:20-22), 세상을 평화롭고 조화롭게 회복시키시며 완성하고 계심을 알려준다. 세례는 이 모든 것의 상징이다. 이렇게 세례는 새로운 시대를 예고한다.

세례는 단순히 **발표**만 하는 것이 아니다. 세례는 **선포**한다. 세례는 선포를 상징하는 것이 아니라 선포 그 자체다. 선지자들은 장차 임할 왕국을 생수가 솟아나는 샘(사 44:3), 은혜를 받은 이방인들의 홍수(사 66:12), 정결하게 하는 샘(슥 13:1)에 비유했다. 세례의 물이 전 세계로 솟구치면서 하나님은 이러한 약속이 성취되었음을 선언하셨다. 세례는 복음이며, 먼 곳에서 온 기쁜 소식이다(잠 25:25).[12]

세례는 그 자체로 하나님의 사역이기 때문에 우리에게 가르침을 준다. 세례는 단순히 물을 붓는 것도 아니고, 삼위일체 교리를 낭독하며 물을 뿌리는 것도 아니다. 세례는 삼위일체 하나님의 이름으로 물을 사용하여 교회에 들어오는 사람을 씻겨주는 교회의 사역이다. 예수님께서 세례를 명하셨기 때문에 세례는 하나님의 사역이다.[13] 세례를 베풀거나 물을 붓는 손은 성직자의 손이지만, 성령님께서 우리에게 세례를 베풀어 한 몸으로 이루게 하신다(고전 12:12-13). 예식이 끝났을 때, 세례를 받은 사람은 단순히 물에 젖기만 한 것이 아니다. 그 사람은 **하나님**에 의해 **세례**를 받은 것이다. 모든 세례 의식儀式마다, 하나님께서 친히 자신의 아들에 대한 복음을 가르치신다. 그래서 세례를 받은 모든 사람은 하나님의 약속에 대한 새로운 선언이며, 기쁜 소식을 전하도록 위임받은 사람이다.

세례는 누군가 믿든 믿지 않든 계속해서 선포한다. 하나님은 모든 세례 때마다 복음을 선포하신다. 세례는 마치 시계와 같은 역할을 하는 종교의식이다. 세례는 "때가 찼고! 하나님 나라가 가까이 왔다!"라는 사실을 시계를 보지 않더라도 알 수 있도록 알려준다. 세례는 단순히 행하는 것만으로도 복음의 새로운 시대를 알리는 본연의 임무를 수행한다.[14]

세례는 단순한 선언이 아니다. 세례는 효력이 있는 선포이다. 그리스도인들은 세례가 단순한 표징이나 공허한 표징이 아니라고 항상 주장해 왔다. 종교개혁자 장 칼뱅John Calvin은 "'적나라한 표징'은 없다."라고 주장했다.[15] 하나님께서는 세례를 통해 말씀하심으로, 복음을 가시적이고, 현실적이며, 실제적인 것으로 만드신다.

할례에 대해 한 번 생각해 보자. 여호와께서는 아브라함에게 약속의 계승자로서 그의 집안 남자들에게 할례를 행하라고 말씀하셨다(창 17:9–27). 할례와 언약을 통해 아브라함의 가족은 열방으로부터 구별되었으며, 토지와 후손을 선물로 약속받았고, 결국 그를 통해 열방이 복을 얻게 되었다(창 12:1–3). 할례를 받을 때마다 이 이스라엘의 소명이 육신에 새겨졌다.

예수님은 아브라함에게 하신 여호와의 약속을 성취하신다. 예수님은 유대인과 이방인 사이의 막힌 담을 허물고(엡 2:11–22), 하나님의 축복이 모든 민족에게 임하도록 하신다. 세례는 예수님께서 유대인과 이방인을 한 몸으로 연합하게 하신 일을 단순히 상징하기만 하는 것이 아니다. 세례는 그들을 실제로 연합하게 한다. 세례로 인하여 회심한 모든 유대인과 이방인이 깨끗함을 얻으며, 모든 남자와 여자가 깨끗함을 얻는다. 세례를 받을 때, 성령님께서는 아브라함의 축복으로 모든 민족을 하나의 몸으로 엮어 주신다(엡 4:4-6). 아브라함과의 약속을 성취하신 예수님의 복음은 모든 세례의 참 진리가 된다.

마찬가지로 세례는 새로운 사제직을 어딘가에서 선포하는 것이 아니다. 세례는 성직자의 입문 예식이자 신권을 형성하는 예식이다. 세례는 새로운 리더 여호수아를 따라 전쟁터로 나가는 새 이스라엘을 상징하는 것만이 아니다. 진정한 새로운 이스라엘 군대를 소집하는 것이다.[16] 세례(그리고 말씀 선포, 신앙고백과 죄 사함, 성만찬, 성도의 교제)를 통해 복음이 현장에 자리 잡게 된다. 세례를 통해 구원은 교회로서 형태를 갖추게 된다. 세례는 어긋난 인간성을 다시 조율한다. 모든 세례는 세상에 복된 소식을 선포하고 그 복음을 현실로 만든다.

물론 세례는 세례를 받은 개인에게 용서, 속죄, 칭의, 성화, 영화에 이르는 복음이다. 개인에게도, 세상에게도 세례는 하나의 표징이지만, 세례는 표징 그 이상이다. '그 이상'이란 종종 '인치심seal'이라는 용어로 표현된다.[17] 인치심은 소유권과 정체성을 나타내는 표식이다. 우리 중 누구도 독립적이거나 자율적일 수 없다. 우리의 이름 자체가 증명하듯, 우리는 모두 누군가에게 소속되어 있다. 인치심은 우리가 누구에게 속해 있는지를 보여줌으로써 우리가 누구인지 알려준다. 초기 그리스도인들은 세례의 '인치심'(헬라어, *sphragis*)을 동물의 낙인,[18] 노예의 표식,[19] 로마 군인의 연대 문신에 비유했다.[20] 삼위일체의 이름으로 인치심을 받은 세례자는 삼위일체 하나님의 소유이다. 하나님께서는 그를 하나님의 양떼의 일원으로, 아버지 집의 종으로, 왕이신 예수님의 명령을 받는 용사로 인치신다.

세례는 우리가 우리 자신의 것이 아니라고 이야기하는데(고전 6:19-20), 그저 **말**만 그런 것이 아니다. 그렇게 되도록 만든다. 세례를 통해 하나님은 우리를 마귀의 감옥에서 벗어나 예수님의 가족이 되도록 속량贖良하시고, 무덤에서 부활의 생명으로 일으키신다. 세례는 소유권이 세상에서 교회로 이전되는 것이다.

인치심은 의무를 동반한다. 양은 목자를 따라야 하고, 종은 주인에게 순종해야 하며, 군인은 싸우다 죽을 준비가 되어 있어야 한다. 인치심은 또한 약속이다. 좋은 목자는 양을 돌보고, 좋은 주인은 자신의 종을 사랑하며, 좋은 장군은 부하들을 책임진다. 세례로 인치심을 받음으로써 우리는 옛것에서 벗어나 새것으로 옮겨진다. 세례는 복음을 선포함으로써, 세례를 받은 사람들을 복음의 실제로 인도한다. **하나님께 속하는 것**이 구원을 얻는 것이기에, 세례는 인치심이자, 곧 구원이다.

마음이 완악한 바로와 그의 모든 군대는
홍해에 빠뜨리셨으나,
자기 백성 이스라엘은
바다 가운데 마른 땅으로 건너게 하사

III

물에서 비롯된 세상

"우리 주 예수 그리스도의 세례로 말미암아 …
모든 물을 거룩하게 하사 구원의 홍수가 되게 하셨으니"

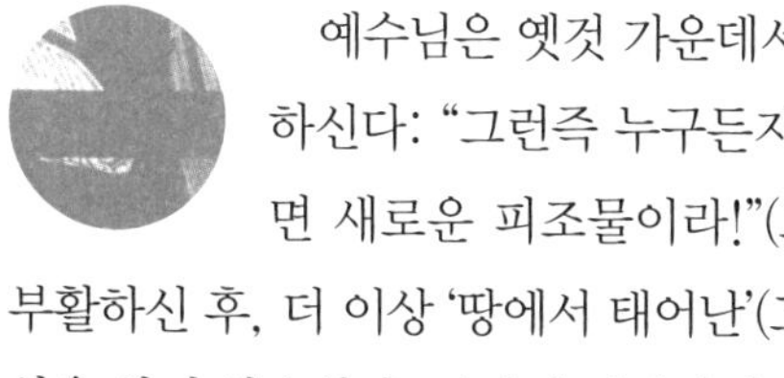

예수님은 옛것 가운데서 새로운 창조를 시작하신다: "그런즉 누구든지 그리스도 안에 있으면 새로운 피조물이라!"(고후 5:17). 예수님은 부활하신 후, 더 이상 '땅에서 태어난'(고전 15:47) 옛 아담의 삶을 살지 않으셨다. 마지막 아담이자 하늘에 속한 분이셨던 예수님은 신령한 몸으로 부활하셨다. 예수님은 새로운 피조물이시지만, 또한 몸의 머리가 되신다. 그분의 모든 지체는 다가올 시대의 부활 생명에 참여한다(히 6:5).[21] 예수님은 사람들 안에서 새로운 피조물이 되신다.

우리가 "지금 몇 시입니까?"라고 묻는다면, 세례는 이 질문에 "지금은 예수님의 시간, 곧 새로운 창조의 시간"이라고 대답한다. 왜 하나님은 새로운 창조를 선포하기 위해 물을 사용하셨을까? 성경의 처음 몇 페이지를 읽어보면 그 이유를 알 수 있다. 하나님 자신이 '생수의 근원'(렘 2:13)이시니, 최초의 피조물이 물과 성령으로 탄생한 것은 놀라운 일이 아니다.[22] 여호와께서는 빈 공간, '깊은' 물(창 1:1–2), 성령님의 '보좌'와 '수레'를 창조하셨다.[23] 그분은 물을 하늘로 끌어 올려 궁창, 즉 하늘의 둑을 세워 위와 아래의 물을 분리하시고(창 1:6–8), 물을 갈라 마른 땅을 드러내셨다(창 1:9–10). 그리고 살아 있는 생물들로 바다를 먼저 채웠다(창 1:20–23). 2세기 신학자 테르툴리아누스Tertullianus(160~220)는 물이 "생물을 탄생시키라는 명령을 받았다."라고 언급하며, "물은 이미 생물을 만드는 방법을 알고 있다."라고 주장했다.[24] 4세기 밀라노의 주교主教였던 암브로시우스St. Ambrose(340?–397)도 비슷한 맥락에서 다음과 같이 말했다: "세상의 물들이 생명을 탄생시킨 것처럼 물이 여러분을 은혜로 거듭나게 합니다."라고 말하며, "물고기를 본받으라."[25]고 권면했다.

창조 세계에는 각각의 영역마다 독특한 형태의 물이 있다. 하늘 보좌 앞에는 수정과 같은 유리 바다가 있다(계 4:6). 육지에는 강이 흐르고 곳곳에 호수가 있다. 바다는 지구 표면의 70%를 덮고 있으며, 물은 지하 수로와 호수들의 광대한 네트워크를 통해 흐른다.[26] 지구는 위에서부터 아래까지 물의 세계다. 테르툴리아누스는 "물 없이는 그리스도도 없다."

라고 말했다.[27] 우리는 또한 이렇게 말할 수 있다: 물 없이는 창조도 없다.

물은 '그저' H_2O이지만 우리의 감각을 가득 채우고 있다. 시냇물이 졸졸 흐르고, 빗방울이 툭툭 떨어지고, 파도가 밀려오고 밀려나며, 여러 가지 물소리들이 우리를 잠들게 한다. 태양은 아침 구름을 분홍색으로 물들이고 저녁에는 보라색으로 물들이며, 물방울을 형형색색의 무지개로 만들어 뿜내기도 한다. 따뜻한 목욕, 수영장에서의 물놀이, 무더운 오후의 얼음물 한잔만큼 상쾌하고 기분 좋은 것이 있을까? 서리는 거미줄을 찬란하게 하고, 새하얀 눈은 칙칙한 풍경을 반짝반짝 빛나게 한다. 봄 소나기에 젖은 흙이나 축축하고 어두운 바다처럼 생명의 냄새가 나는 곳이 있을까? 비가 내리지 않아 메마른 땅이 씨앗이 없는 불모의 자궁과 같듯이(사 55:10), 물의 순환이 날씨를 좌우한다. 생명체는 '생물학적 분자와 물의 상호작용'이다.[28] 적절한 양의 물이 없다면 지구는 여전히 '형태가 없고 공허한' 상태일 것이다. 하나님은 물이라는 아낌없는 선물로 그분의 선하심을 입증하신다.

사실상 **우리**는 물로 이루어져 있다. 시리아의 시인이자 신학자 나르사이[Narsai](399~502)가 말했듯이, "창조주께서 물 속에서 진흙을 취하여 아담의 형상을 빚으시고, 성령 안에서 따듯한 생기를 불어넣어 아름다운 모습을 갖추게 하셨다."[29] 우리의 몸은 약 60% 정도가 물이며, 지구와 거의 같은 비율의 물로 이루어져 있다. 우리의 뇌는 절반 이상이 물로 채워져 있다. 타액, 담즙, 점액과 같은 소화액도 대부분 물이며, 세포 내외간의 교류도 물을 통해 이루어진다. 혈액도 대부분 물이며, 정액과 모유도 마찬가지다.[30] 물이 보편적인 매개체가 아니라면 우리는 지금 어디에 있을까?[31] 병원에 있거나 이미 죽었을 것이다. 우리는 소우주이며, 물로 구성된 작은 세상이다. 세례를 '새로운 창조'와 '새로운 생명' 외에 무엇으로 설명할 수 있겠는가?

에덴동산 역시 네 개로 갈라진 강들(창 2:10)이 흐르는 '물이 풍부한 땅'(창 13:10)이었다. 이는 강에 대한 성경의 첫 번째 언급이자 땅의 네 모퉁이(사 11:12), 하늘의 네 바람(단 7:2), 성전의 네 모퉁이돌(시 118:22) 등 만물을 상징하는 숫자인 4가 사용된 첫 번째 사례이다. 창세기 2장 10절은 에덴동산이 목적지가 아닌 근원임을 암시하는 첫 번째 힌트이며, 아담이 물과 같이 에덴을 넘어 동산의 풍요로움을 널리 퍼뜨리는 존재가 되어야 함을 암시하는 첫 번째 말씀이다. 이것이 성경에서 이야기하는 최초의 선교 본문이었다.

강은 새로운 생명과 함께 흘러간다. 하지만 바다는 다른 차원의 물이다. 이스라엘의 적들은 종종 바다(블레셋, 시돈)

에서 몰려와 쓰나미처럼 이스라엘을 덮친다. 이스라엘의 영웅들은 선원이 아니라 육지의 목자들이다.[32] 이스라엘에는 오디세우스Odysseus, 이아손Iason, 아이네이아스Aeneas 같은 영웅들이 없다. 가장 이름난 뱃사람인 요나Jonah조차도 배 밖으로 표류하는 것으로 끝난다.[33] 심지어 갈릴리 호수조차도 건너기에는 너무 위협적이다.[34]

신선하고 깨끗한 생수는 생명을 불어넣는다. 강은 땅을 비옥하게 만들고, 민족 간의 경계를 세우며, 물길로 사람들을 연결하기도 한다. 강은 인간의 필요를 채워주듯 물과 땅을 이어준다. 모든 이스라엘 사람들은 흐르는 시냇가에 심은 나무처럼, 풍성하게 열매 맺는 작은 에덴동산을 세우기를 열망한다(시 1:3, 민 24:6). 강은 "땅을 강으로 갈라놓으신"(합 3:9) 여호와께서 주신 선물이자 싸움에서 생긴 상처다. 여호와께서 치시면 마른 땅에서 샘물이 솟아난다. 여호와께서 창을 내리치시면 마지막 아담의 상처처럼 땅의 상처가 열리고, 그 옆구리에서 물과 피가 쏟아진다.

문명은 강, 호수, 바다 또는 인공 저수지와 수로(시 24:1-2)의 기슭에서 시작되었다.[35] 나일강은 이집트를, 인더스강은 인도를 만들었다. 티그리스Tigris와 유프라테스Euphrates는 강 사이의 땅인 메소포타미아를 형성하고, 약속의 땅은 강에서 바다까지 뻗어 있으며(신 11:24; 수 1:4), 그 중심에는 강이 있어 하나님의 도성을 기쁘게 한다(시 36:7–10; 46:4). 이스라엘이 순종할 때, 번영이 강물처럼 흐르고(사 48:18), 축복이 땅을 부드럽게 하고 쟁기질한 땅을 적신다(시 65:9–10). 육지는 바다 위에, 사람이 사는 땅은 강 위에 세워졌다. 그리스 철학자 탈레스Thales(BC. 624~546)가 옳았다: "물은 만물의 근원이다!" 세례는 **새로운** 세계, 즉 하나님의 도시와 왕국의 주춧돌이다.

여호와는 물의 주인이자 진정한 폭풍의 신이시다. 진노하셔서 가뭄을 내리시거나(레 26:18–19, 신 28:23–24) 대포알 같은 우박을 던지신다(출 9:18–25, 계 16:17–21). 그분은 물로 첫 번째 세상을 파괴하셨고(창 6–8장), 이집트의 강가에 물, 피, 얼음덩어리의 재앙을 내리신 분이시다.

이스라엘은 하늘에서 내려오는 물을 갈망했다. 유다는 "위에 계신 이로부터 성령이 부어지기 전까지는"(사 32:15) 황무지다. 여호와께서 "목마른 땅에 시내가 흐르게 하리라"고 약속하시고, 다음 호흡에서 "내가 나의 영을 네 후손에게 부어 주리라"고 말씀하셨다(사 44:3). 이스라엘은 "'벤 풀 위에 내리는 단비'(시 72:6)가 될 또 다른 솔로몬을 찾는다."

예수님은 여호와의 물의 언약을 성취하기 위해 세례를 받으심으로써 흙탕물과 진흙으로 뒤범벅이 된 인간을 생수로 변화시키신다. 예수님은 태초부터 물로 이루어진 새로운 세상에 함께 계셨다. 예수님은 갈릴리 어부와 함께 사역하셨다(마 4:12-22). 성육신하신 하나님으로서 예수님은 바다 위를 걸으셨다(욥 9:8, 시 77:19, 107:23-30, 사 43:19, 합 3:15). 마찬가지로 베드로도 물 위를 걸었다(마 14:22-33). 그는 멀리 가지는 못했지만 잠시나마 깊은 바다에 대한 예수님의 주권을 경험했다. 그의 믿음이 성장하면 어떤 일이 일어날까? 사도행전은 나머지 이야기를 들려준다. 바울은 배에서 내려 쉴 수 없었고, 난파 사고로 인해 밤새도록 밤잠을 설치기도 했다(행 27장, 고후 11:25). 이스라엘의 강은 다른 땅으로 가는 통로지만, 바다는 사방의 땅 끝을 향하는 고래가 다니는 길(whale-road)이다.

물이라는 점에서 세례는 '새로운 창조'를 의미한다. 세례는 하늘과 땅의 화해를 선포한다.[36] 우리는 세례를 받을 때, 궁창의 바다를 통과하여 하늘의 합창에 참여한다(계 15:2-4). 예루살렘의 키릴로스St. Cyril of Jerusalem(315~387)는 신도들에게 "사탄을 배척하면 하나님의 천국이 여러분 앞에 열린다."라고 말했다.[37] 세례는 마치 태양이 저녁 목욕을 하는 서쪽 지평선으로 사자使者들을 파송하듯, 이스라엘의 사명을 완수하는 것을 상징한다.[38] 세례는 주님께서 성난 바다를 길들여 수정같이 맑은 생명수의 강이 되게 하실 교회의 미래를 보여준다(계 21:1; 22:1-5).

아담의 자손인 우리는 땅에 속해 있다. 예수님은 하늘에서 오신 분이시며, 세례는 우리에게 그분의 영원한 생명을 나누어 준다. 세례는 하늘에서 내리는 소나기처럼 우리에게 내린다. 열매를 맺으면 우리는 하나님의 축복을 받는다. 반대로 잡초만 무성한 정원이 되면 불태워질 운명에 처하게 된다(히 6:7-8). 우리는 세례의 샘물을 통해 옛것은 죽고, 새것으로 되살아난다. 2세기 교부敎父 테르툴리아누스Tertullianus (160~220)는 세례를 받음으로써 인간은 "태초에 하나님의 형상대로 지음을 받은 그 형상대로 회복된다."라고 말했다.[39] 하나님의 말씀과 성령의 바람이 깊은 심연에서 피조물을 조각하셨듯, 성령님께서 세례반(역자 주: 세례용 물을 담은 큰 돌 물두멍) 위를 맴돌며 새로운 피조물을 빚어내신다. 우리는 물과 성령(요 3:5)으로, 거룩한 세례(딛 3:5)를 통하여 다시 태어난다.[40] 이때 우리는 바다가 변하듯, 풍성하고 신령한 존재로 변화된다.

세례는 장차 올 시대의 첫 열매로, 죽은 자 가운데서 부활하신 예수님을 가리킨다. 예수님을 가리키는 세례는 세상에 "보라, 새로운 피조물이 나타났다!"라고 외친다. 세례를 받은 사람에게 이 말은 세례가 선언하는 바를 실감하게 하는

말이다: "보라, 새로운 피조물이 **되었도다!**" 점점 더 많은 사람이 세례를 받음으로써 세례는 죽은 세상에 새로운 창조의 생명을 불어넣는 교회를 세워나간다.

이로써 거룩한 세례의 예표가
되게 하셨나이다.

IV

심판과 구원의 홍수

"당신의 의로운 심판에 따라 홍수로 [당신께서] 불의한 세상을 정죄하시되, 큰 자비로 신실한 노아를 비롯해 여덟 사람을 구원하시고"

세례는 새로운 창조의 표징이자 복음을 효과적으로 알리는 매개체이다. 언제 어디서든 세례가 행해질 때마다 하나님은 새로운 피조물이 탄생했음을 선포하시고 세례를 받은 이가 그 사실에 참여하게 한다. 세례는 사람을 새로운 피조물이 되게 한다.

그러나 이 말은 도무지 불가능하게 들린다. 어떻게 세례가 '중생의 씻음'(딛 3:5)이 될 수 있는가? 고작 물 몇 방울로 어떻게 새 생명을 얻을 수 있을까? 세례는 어떤 종류의 새 생명을 주는 걸까? 성경 전체가 이 질문에 답한다. 홍수, 할례, 출애굽, 레위기의 정결 의식, 가나안 입성, 왕과 선지자들의 물을 통한 이적 등, 성경에 나오는 모든 세례의 장면과 유형은 그리스도 안에서 새로운 피조물이 된다는 것이 무엇을 의미하는지를 단편적으로 보여준다. 이전 장에서 우리는 성경 전반의 내용을 살펴보고 세례가 새로운 창조를 의미한다는 것을 알았다면, 이후 이어지는 장에서는 세례를 상징하는 각각의 장면과 유형을 더 자세히 살펴보고자 한다. 이 장에서 살펴볼 것은 노아의 홍수에 대한 부분이다. 우리는 홍수를 지나서 위대한 노아의 방주 안으로 들어갈 때, 새로운 피조물이 된다.

물은, 곧 생명이다. 우리는 흙으로 만들어졌으며, 정기적으로 수분을 공급받아야만 결실을 맺을 수 있다. 그렇기에 성경에 기록된 첫 번째 비가 생명을 살리는 것이 아니라 멸滅하려 했다는 사실은 참으로 놀라울 따름이다!

창세기 1–6장에는 세 가지 타락이 기록되어 있다. 아담은 에덴동산에서 금단의 열매를 먹었고, 가인은 들판에서 동생 아벨을 살해하였으며, 하나님의 아들들은 세상 사람들의 딸들과 결혼하여 사악한 네피림Nephilim(고대 거인족)을 만들어 냈다. 이러한 타락으로 인해 온 땅에 폭력이 난무하고 여호와께서 세상을 창조한 것을 후회하셨다(창 6:1–6). 그리고 의로운 심판에 따라 불의한 세상을 정죄하여 멸망시키고자, 물에서 시작한 세상을 그에 넘치는 물로 소멸시키셨다. 바다는 최초의 생명을 탄생시켰으나, 생명의 물이 이제는 죽음의 물로 바뀌어버렸다. 그렇게 세상은 원래의 상태인 "형체가 없고 공허한"(창 1:2a) 심연으로 되돌아갔다. 물로부터 왔으니, 물로 돌아간 것이다.

소용돌이치는 폭풍 속에서도 "하나님은 노아를 기억하셨다"(창 8:1a). 여호와께서 생각하시자 천지 만물이 다시 형태를 갖추기 시작했다. 여호와의 바람(히브리어, *ruach*)이 물 위로 불어와(창 8:1b), 태초에 하나님의 영(히브리어, *ruach*)이 심연 위를 운행했던 것처럼 맴돌았다(창 1:2b). 비둘기는 평화를 상징하는 올리브 가지를 들고 바다 위를 날아다니며 예수님 위에 강림하셨던 비둘기 모양의 성령을 예표했다.[41] 여호와께서 기억하시자 불어났던 물이 줄어들고 덮여 있던 산들이 다시 나타났으며 노아와 그의 가족, 동물들이 방주에서 아라랏산Mt. Ararat 봉우리로 나왔다.

노아의 홍수는 세례의 예표이다(벧전 3:19-21).[42] 노아의 홍수는 지금의 세례와 같다. 이러한 비유는 우리를 설레게 한다. 우리는 예고편보다 스케일이 더 크고 훨씬 더 인상적인 **본편**을 기대한다. 그러나 베드로는 우리의 기대를 완전히 저버린다. 몇 방울의 물이 아니라, 아무리 거대한 세례용 수조라 하더라도 어떻게 전 세계를 휩쓸고 세상을 멸망시킨 대홍수와 비교할 수 있을까? 이것은 마치 구스타프 말러Gustav Mahler(1860~1911)의 교향곡이 크레센도crescendo까지 치달았다가 피콜로 독주piccolo solo로 사라지는 것과 같다. 혹은, 액션 배우를 만났는데 키가 겨우 150cm에 왜소하고 괴짜라는 것을 알게 되는 것과 같다. 어떻게 실체가 그림자보다 이렇게 작을 수 있을까?

우리가 베드로의 관점에 충격을 받는 이유는 세례에 대한 우리의 시야가 그만큼 좁기 때문이다. 세례의 유익을 열거한 후, 마르틴 루터Martin Luther는 "어떻게 물이 그런 놀라운 일을 할 수 있습니까?"라고 묻는다.[43] 경외심을 불러일으키는 입교 의식에 대한 루터의 놀라움을 공감할 수 있어야만 베드로의 진의도 이해할 수 있다.[44] 우리는 성경 말씀 안에서 홍수를 바라보는 시각을 배워야 한다.

세례는 폭풍우 속 피난처를 의미하기 때문에 부분적으로는 노아의 홍수 사건과 비슷하다. 세례는 신자들을 '건조하고 안전한 기독교 세계의 거룩한 방주 안에 보호한다.'[45] 또한, 세례는 입양 의식과도 같다. 예수님의 십자가가 자라나 새로운 방주가 되고,[46] 세례를 받은 모든 사람은 더욱 새롭고 위대한 노아의 구원받은 8인 가족의 일원으로 참여하게 된다.[47] 교회라는 방주 밖에는 심판이 닥쳐오지만, 씻김을 받고 교회 안으로 들어온 사람들은 항해용 골조가 갖춰진 방주 안에서 구원을 얻는다.[48] 이처럼 구원으로 인도하는 세례를 통해 첫 아담의 자손은 "하나님 우편에 계신"(벧전 3:22) 마지막 아담과 형제자매가 된다. 이로써 우리는 더 이상 홀로 방황하는 존재가 아니라 서로의 가족이 된 것이다.

홍수와 세례는 모두 우리의 죄에 관해 이야기한다. 노아 시대에는 하나님조차도 세상을 다시 회복시키려 하지 않으셨다. 그분은 모든 육체를 멸하시고 세상을 무덤으로 만드셨다.[49] 여기에는 죄인에게 변화보다 더 급진적인 것이 필요하다는 메시지가 담겨 있다. 곧, 우리는 "죽어야 한다."[50] 무자비하고 엄격하게 들릴지 모르겠지만, 그것이 우리의 유일한 희망이다. 절망적인 순간에 우리는 모든 것을 끝내고 다시 시작하고 싶어 한다. 이처럼 세례는 우리가 죽음을 추구하는 것이 옳다고 말한다.

세례는 홍수의 원형으로서 합당한 죽음을 의미한다. 노아와 그의 가족은 "[사람의] 마음으로 생각하는 모든 계획이 항상 악할 뿐"(창 6:1-5)이었던 거인들로 가득한 세상에서 구원받았다. 오래된 충성심, 오래된 유혹, 오래된 습관, 오래된 관계와 결속이 씻겨 내려가고 노아의 가족 여덟 명은 죽음의 저편에서 새로운 생명을 얻게 되었다. 어떠한 방식으로든 대홍수는 그들을 죽인다. 방주 밖에 있던 사람들은 익사하고, 방주 안에 있던 사람들은 그 당시의 세상에 대하여 죽는다. 세례는 우리에게 죽어야 한다고 말만 하는 것이 아니다. 세례는 죽음을 선물로 준다.[51] 방주 안으로 들어가는 세례를 받으면, 우리는 세상과 함께 죽는 것이 아니라 세상에 대하여 죽는다.

베드로는 세례가 육체의 더러운 죄를 씻어주는 것이 아니라, 하나님을 향한 선한 양심의 호소가 우리의 죄를 씻고 구원을 가져온다고 말했다(벧전 3:21). 그는 청결에 대해 말하는 것이 아니다. 베드로는 자신이 베푼 세례를 돌이키거나, "세례가 당신을 구원하는 것은 개념적으로는 맞지만, 실제로는 아니다."라는 식으로 이미 베푼 세례를 취소하려는 것이 아니다.

히브리서에서도 육체와 양심을 구분하여 사용한다. 율법에서 부정한 사람은 제사를 통해 자신의 육체를 정결하게 했지만, 흠 없는 예수 그리스도의 피가 양심까지도 정결하게 한다(히 9:13-14). 베드로에 따르면, 그리스도인의 세례는 그 능력이 육신에만 미치는 율법의 행위와는 다르다. 세례는 우리의 양심으로부터 죽은 행위를 제거하여 깨끗하게 하기 때문에 구원을 준다. 세례에서 하나님은 과거에 지은 죄가 우리를 지배하지 않는다고 말씀하신다. 세례는 용서에 대한 하나님의 말씀을 선포한다. 세례는 죽음을 장사지내고 영생으로 부활하신 예수님의 부활에 우리를 참여시켜주기 때문에 구원하는 힘이 있다.

하나님은 그저 말씀만 하시는 분이 아니다. 그분은 행동하신다. 노아 시대의 모든 것을 물로 씻어내셨던 것처럼, 우리가 집착하는 우상, 우리가 행한 악, 우리의 양심을 짓누르는 모든 죄를 씻어내신다. 바울은 우리가 그리스도의 죽음과 연합했을 때, 우리가 죽었다고 말한다. 그러므로 이제 우리는 자신이 죽었다고 생각해야 한다(롬 6:8, 11).

세례가 전하고자 하는 바를 믿으라. 그리스도인의 삶은 죽음을 향해 가는 것이 아니라 오히려 죽음으로부터 시작한다. 죽음은 우리 뒤에 있으며, 우리는 매일 세례를 통해 경험한 죽음을 기억하고, 세상의 정욕과 유혹에 대하여 죽은 자로 살아간다. 이로써 세례는 죽음을 선물로 줌과 동시에 활짝 열린 생명의 미래를 선물로 준다.

우리의 세상 역시 죽어야 한다. 세례는 모든 세대의 네피림에게 보내는 경고다. 하나님은 세례를 주실 때마다 세상의 날이 얼마 남지 않았음을 선언하신다. 왕들을 불러 통치하시는 그 아들에게 입을 맞추라고 말씀하시며, 부활하신 주님께서 모든 사람을 심판하실 마지막 날을 예고하신다. 이것은 1세기에 구체적으로 적용되었다. 예수님은 사도들이 살아 있는 동안 이스라엘에 재앙이 닥칠 것이라고 예언하셨다. "노아의 때와 같이 인자의 임함도 그러하리라"(마 24:37-38). 1세기에 세례는 구세계가 로마의 거센 물결에 압도당할 것에 대한 예언적 징조였으며, 성전의 돌 하나도 돌 위에 남지 않고 로마인들의 손에 다 무너지게 될 것이라는 경고였다. 이후 세례는 세속적인 로마인들에게 그들의 세계도 언젠가 야만인들에 의해 휩쓸리게 될 것이라는 경고의 의미가 되기도 했다. 우리는 때때로 방주 밖의 화려한 분위기에 유혹을 받는다. 세상이 유혹할 때 세례가 주는 교훈, 즉 세상이 죽어가고 있다는 사실을 기억해야 한다. 교회라는 방주를 떠나 믿음에 대해 파선한 자가 되지 않도록 주의해야 한다.

노아는 두 번째 아담이다. 아담과 마찬가지로 그는 모든 인류의 조상이다. 노아를 포함한 모든 피조물은 다시 생육하고 번성하여 땅에 충만하라는 명령을 받았으며(창 8:17; 9:7; 1:22, 28 참조), 노아는 다시 모든 동물을 다스리게 되었다(창 9:2, 1:28 참조). 인류는 창조 세계로부터 멀어졌지만, 세례로써의 홍수는 그들을 다시 연합하게 했다.

하지만 노아는 홍수 이전의 상태로 돌아가지 않았다. 그는 홍수 이후의 진일보한 사람, '아담 2.0' 이었다. 그는 최초로 온전한 번제를 드렸는데, 이는 제물로 드려진 짐승이 여호와께로 올라간 것을 상징한다(창 8:20-22).[52] 제물로 드려진 짐승과 함께, 노아도 아담보다 더 높이 승격되었다. 아담은 채소를 먹었지만, 노아는 동물의 고기를 먹었다(창 9:3-4). 여호와께는 노아에게 형벌을 집행할 권한을 부여해 주셨다(창 9:5-6).

여호와께서는 아담을 위해 동산을 만드셨고, 노아는 자신의 포도원을 만들어 안식일에 포도주를 즐겼다(창 9:20-21).[53] 아담이 죄를 지었을 때, 여호와께서는 그를 심판하셨고, 함이 죄를 지었을 때, 노아는 그를 저주했다(창 9:20-27). 여호와께서는 노아와 언약적 동반자 관계를 나타내기 위해서 하늘에 무지개를 매달아두셨다.

세례를 받은 노아는 아담보다 더 찬란하게 빛나는 신과 같은 존재가 되었다. 그는 죽음의 저편에서 **부활한** 아담이다. 초기 기독교 변증가인 순교자 유스티누스Justinus Martyr(100~165)가 말한 것처럼, 여덟 사람은 "그리스도께서 죽은 자 가운데서 부활하신 권능으로 영생의 첫 열매가 되신 여덟 번째 날(역자 주: 초대교회는 예수님이 부활하신 안식일 후 첫째 날을 새로운 요일인 제 팔요일로 불렀다)"을 의미한다.[54] 예수님의 부활에 참여하여 세례를 받은 우리는 새로운 주週, 새로운 시간, 우리 주님이 다스리시는 새로운 시대에 살고 있다. 세례는 그저 단순한 구원이나 회복이 아니다. 그것은 영광스러운 변화이다.

베드로가 대홍수보다 세례가 더 크다고 생각하는 이유는 무엇일까? 결국, 도시와 농장을 쓸어버리는 물과 사람의 양심을 씻어내는 물 중 어느 것이 더 큰 것일까? 사람을 죽이는 홍수와 사람을 살리는 홍수 중 어느 것이 더 큰 것일까? 홍수에서 사람을 구출하는 방주와 악한 영들과 사망으로부터 세상을 보호하는 방주 중 어느 것이 더 큰가? 세례의 단순성 때문에 간과해서는 안 된다. 세례는 세상을 뒤덮은 홍수만큼이나 세상을 변화시킨다.[55] 고페르 나무로 만든 거대한 방주와 세례라는 유연한 기초 위에 세워져 세상을 감싸 안은 망대(역자 주: 교회) 중 어느 것이 더 큰 것일까?[56]

당신의 사랑하시는
독생자 우리 주 예수 그리스도의 세례로
말미암아
요단강과 세상의 모든 물을
거룩하게 하사 구원의 홍수가
되게 하셨으니,
완전한 죄 씻음을 주셨나이다.

V

육체의 할례

"아담에게서 난 모든 [것이] …
물에 잠겨 사라지게 하소서"

세례는 새로운 피조물에 관한 복음을 전파한다. 세례는 육신을 벗고 성령을 받음으로써 우리를 새로운 피조물로 만든다. 이런 변화가 어떻게 이루어지는지 알아보려면 할례에 대해 생각해 볼 필요가 있다.

노아는 아담으로부터 열 번째 세대에 살았으며(창 5:3-32), 아브라함은 노아로부터 열 번째 세대에 태어났다(창 11:10-26). 노아와 아브라함 모두 새로운 아담이다. 초기 역사에서는 열 세대마다 새로운 아담이 등장했다.[57] 아담과 노아 사이에 세상은 너무 악해서 여호와께서 인간을 지으신 것을 후회하셨다. 여호와께서는 바람과 말씀으로 다시 마른 땅이 드러나게 하실 때까지 세상을 형체 없는 공허한 곳이 되게 하셨다. 인류는 노아로부터 새로운 출발을 하게 된다. 아브라함도 다시 악이 땅에 가득 찬 시점에 등장한다. 바벨 사람들은 하나님을 거역했다(창 11:1-9). 그들은 흩어짐을 면하기 위해 시날Shinar 평지에 모여 하늘과 땅을 연결하는 도시와 성전 탑을 건설했다. 그러자 여호와께서 그들의 언어를 혼잡하게 하여 온 지면에 흩으셨다.

아브라함의 때에 세상은 또다시 심판이 무르익은 시대가 되었지만, 여호와께서는 또 다른 폭풍우를 보내지 않으셨다. 대신 분열된 나라들 가운데서 한 사람(아브라함)을 부르셨다. 그리고 아브라함에게 땅과 그 땅에 뿌릴 씨, 그리고 분열된 민족들에게 하나님의 축복을 전할 자손을 약속하셨다(창 12:1-3). 아브라함은 옛 인류에서 새 인류를 탄생시킨 노아만큼이나 중요한 조상이 되었다. 여호와는 아담(창 1:28)과 노아(창 9:1)에게 생육하고 번성하라고 **명령**하신 것처럼, 아브라함에게 그의 자손들이 온 땅을 가득 채울 것이라고 **약속**하셨다(창 17:6, 20).[58] 아브라함의 사명은 하나님의 보증에 따라서 한 사람, 한 가정, 한 민족으로 선택지를 좁혀가며 반드시 성취될 것이다.

아브라함과 언약(창 17:11)의 징표인 육체의 할례는 문자 그대로 아브라함의 일족을 지상의 다른 족속과 분리하는 인류의 분열을 상징한다. 그러나 이 분열의 목적은 분리가 아니다. 아담은 하와를 만들기 위해 살이 찢어지고 갈비뼈가 분리되었지만(창 2:21-22), 이는 다시 하나가 되기 위한 분열이었다: "둘이 한 몸을 이룰지로다"(창 2:24). 아브라함의 육체에 난 상처는 영구적인 분열이 아니라 두 혈통이 신랑이신 예수님 안에서 한 몸이 되어 하나의 새 사람(엡 2:15)이 되는 날을 바라보게 한다.

여호와께서 아브라함과 사라를 우르에서 부르실 때, 사라는 불임이었고 아브라함은 이미 늙어서(창 11:30, 17:1) 둘 다 끝난 것이나 다름없는 상태였다(롬 4:19). 아브라함은 이스마엘을 낳을 정도로 능력이 있었지만(창 16장), 약속은 아브라함과 사라 사이에서 기적적으로 태어난 이삭을 통해서만 이루어진다(창 18:1-15; 21:1-7). 아브라함은 죽은 자를 살리시며 없는 것을 있는 것으로 부르시는 하나님을 신뢰하며 소망에 소망을 더해갔다(롬 4:17-18). 죽은 두 부모에게서 태어난 이삭의 탄생은 부활과도 같다.

여호와께서는 아브라함이 이스마엘을 낳은 후, 이삭이 태어나기 전에 할례를 명령하셨다. 할례는 음경에서 포피를 제거하는 수술이다. 아브라함은 이미 늙었고 사라는 불임이었다. 여호와의 놀라운 해결책은 시들어버린 아브라함의 생식기에 상처를 내라는 것이었다. 할례는 거세의 상징이며,

자연적인 힘을 거부하고 하나님의 능력에 대한 믿음을 선언하는 것이었다. **여호와**께서 아브라함과 사라를 통해 하나님의 자손들의 아버지가 되셨다. 아브라함의 미래는 그의 능력이 아니라 오직 성령으로 말미암아 아들을 주실 수 있는 여호와의 능력에 달려 있었다(갈 4:29). 그럼에도 불구하고 바울 시대에 바리새파 유대인들이 육체를 포기하는 이 율례를 육체를 자랑하는 기회로 삼았다는 것이 얼마나 아이러니한 일인가!

골로새서 2장 11-12절에서 바울은 '그리스도의 할례'를 언급하며 이를 어떻게든 세례와 연결한다. 일부 학자들은 할례와 세례가 직접적으로 연결된다고 본다. 할례는 이스라엘의 언약 공동체의 일원이 된다는 표식이었고, 세례는 교회의 신앙 공동체의 일원이 되는 표징이다.[59] 유아 세례를 지지하는 사람들은 보통 이스라엘의 어린 사내아이가 할례를 받았던 것처럼 유아도 세례를 받아야 한다는 증거로 골로새서 2장을 인용한다.[60]

영아에 대한 이스라엘의 할례는 중요한 사실 하나를 알려준다. 언약의 공동체가 이스라엘 백성이 되기로 선택한 사람들로만 구성된 것이 아니라는 것이다. 히브리 남성은 자신이 무엇을 선택하기도 전에 이미 언약의 약속과 의무를 지닌 존재가 되었다. 이스라엘은 성숙한 사람들을 위한 종교 단체나 영적 엘리트들을 위한 신학적 계급, 또는 자발적이거나 자율적으로 이루어진 사회가 아니었다. 이스라엘은 하나의 민족이었다. 새로운 인류의 구심점으로서 아브라함의 집안에는 유아(이스마엘)와 노인(아브라함)을 비롯해 수백 명의 남자와 소년이 포함되었으며, 이들 중 다수는 이집트에서 얻은 노예였다(창 12:16, 14:14, 17:22-27).

1장에서 언급했듯이, 세례에 관한 대부분의 논쟁은 사실 교회에 관한 논쟁이다. 유아 세례에 관한 논쟁도 그중 하나다. 논쟁의 핵심은 다음과 같다. 예수님은 과연 기존에 여호와를 섬겨 왔던 사람들을 모으는 것인가, 아니면 전혀 다른 형태의 신앙 공동체를 목적으로 하는 것일까? 예수님은 종교적으로 성숙한 사람들을 위한 단체를 세우신 것인가? 아니면 자신을 따르기로 의식적으로 선택한 성도들을 위해 자발적인 공동체를 세우신 것일까? 그것도 아니면 한 민족을 세우신 걸까? 신약성경은 이 부분을 분명히 한다. 예수님은 열두 사도를 새로운 조상으로 삼아, 새 이스라엘을 세우셨다. 그분은 종교적 질서를 형성하기 위해서가 아니라 '한 새 사람'을 세우기 위해 막힌 담을 허무셨다(엡 2:11-22). 백성이 아니었던 사람들이 살아 계신 하나님의 백성이 된다(벧전 2:10). 또한 교회는 왕 같은 제사장이며, 거룩한 나라이다(벧전 2:9).[61] 하나의 국가로서 교회는 모든 종류, 조건, 연령대의 남성과 여성을 포함한다. 다른 모든 국가와 마찬가지로, 많은 사람이 국가가 존재한다는 사실을 인식하기 한참 전부터 시민권을 갖게 된다.

다른 각도에서 이 문제를 살펴보자. 성령은 아브라함에게 약속된 선물이다(갈 3:6-14). 오순절에 성령님이 강림하셨을 때, 성령님은 바벨의 저주를 푸시고 언어에 영감을 불어넣어 분열이 아닌 통합을 이루게 하셨다(행 2:5-11). 교회는 바벨이 아닌 다민족 국가이며, 성령으로 말미암아 연합된 다언어 다문화 국가다. 교회는 아브라함에게 약속된 여러 민족의 나라이며, 세례는 귀화 의식이다. 만약 교회가 이런 것이라면, 강하고 성숙한 사람뿐만 아니라 약하고 어리고 무력한 사람도 반드시 여기에 포함되어야 한다. 할례와 마찬가지로 세례에서도 하나님은 갓난아기에게 자신의 이름을 부여하사 아이가 그것을 알거나 선택하기 전에 이미 자신의 것으로 선언하신다. 그분은 우리를 사랑으로 이끄시며, 그분이 먼저 우리를 사랑하셨기 때문에 우리는 그분을 더욱 사랑하게 된다.

그러나 이러한 접근은 바울이 골로새서 2장에서 말하고자 하는 것이 **아니다**. '그리스도의 할례'(골 2:11)는 세례가 아니라 예수님에게 행해진 할례다.[62] 십자가는 할례 의식으로 예표 된 미래가 실제로 이루어져 성취된 현실이다.[63] 예수님은 자신의 죽음으로 할례가 예표한 것을 성취하셨다. 십자가에서 예수님은 육체가 잘리고 아담에게서 온 모든 것이 제거되셨다. 또한 예수님은 부활하심으로 성령 안에서 새로운 삶을 시작하셨다. 예수님의 할례에 동참한 사람들은 "손으로 하지 아니한 할례를 받았다"(골 2:11)고 고백한다. 예수님의 죽음과 연합하여 우리의 육신은 벗겨지고 성령 안에서 걸을 수 있게 되는 것이다.

세례는 우리를 그리스도의 할례와 연합시킨다(골 2:12). 그렇기 때문에 바울은 육신이 할례를 받았으나 그리스도의 할례에 참여하지 않은 유대인들과 비교하여 그리스도인들을 '진정한 할례파'(빌 3:3)라고 말했다. 세례를 받을 때, 우리의 육신은 세례 예식에서 옷을 벗는 것처럼 벗겨진다.[64] 우리는 계속해서 육체 가운데 살아가며, 육신과 싸우면서도 하나님의 아들을 믿는 믿음(갈 2:20)으로 살아가며, 우리 삶 속에서 그분의 열매를 맺게 하시는 성령님의 물을 공급받는다(갈 5:22-24).

'육신'은 단순히 '죄성'만 의미하는 것이 아니라 자연스러운 교제와 친밀감을 의미하기도 한다. 하지만 육신은 결국 서로 분열되게 한다. 세례를 받으면 국가, 민족, 가족, 교육,

경제 등 육신의 정체성은 물속에 잠긴다. 세례를 받은 모든 사람은 오직 '성부, 성자, 성령'이라는 가족의 이름을 사용하게 되며, '미국인', '스미스', '예일대 법대 졸업생' 등 다른 모든 이름은 상대화相對化된다. 그리스도의 할례로 세례를 받음으로써 우리는 새로운 피조물이 되며, 육신이 아닌 성령으로 말미암은 새로운 신분과 새 이름을 얻게 된다.

하나의 세례를 받은 우리는 한 나라의 백성이다. 우리가 여러 파벌로 나뉘게 되면, 세례를 거부하고 우리가 덧입은 새 이름을 모독하는 것이다(고전 1:10-17). 분열은 육신의 길이다. 우리는 하나의 세례와 하나의 이름을 함께 공유함으로써 성령이 하나 되게 하신 것을 힘써 지켜야 한다(엡 4:1-6). 세례는 우리를 하나 되게 하고, '헐몬의 이슬처럼'(시 133:1-3) 아름다운 연합 안에서 형제로 살아가도록 우리를 초대한다.

간구하옵기는
이같이 무한한 자비와 은혜로
당신의 자녀를 굽어살피시고,
성령 안에서 순전한 믿음을 가진 이를
축복하사

VI

물에 빠진 바로Pharaoh

"[주께서] 마음이 완악한 바로와
그의 모든 군대는 홍해에 빠뜨리셨으나,
자기 백성 이스라엘은 바다 가운데
마른 땅으로 건너게 하셨나이다."

초기 교부였던 테르툴리아누스Tertullianus(160~220)는 물에 관한 복음서의 여러 본문을 살펴본 후, "그리스도께서는 물 없이는 절대로 존재할 수 없는 분이시다."[65]라고 결론지었다. 실체의 본질, 곧 모형의 본질인 것처럼, "모세 또한 물 없이는 설명될 수 없는 사람이다."[66]

모세의 삶은 물로 가득했다. 히브리인들이 자신들의 고센Goshen 땅에서 번성하는 것을 두려워한 바로Pharaoh는 히브리 남자아이들을 모두 나일강에 수장시켰다(출 1:22). 나일강은 첫 번째 재앙이 일어나기 훨씬 전부터 이미 피로 물든 강이었다(출 7:14-19). 그런데 이런 이스라엘에게도 보호자가 있었다. 산모와 산파는 아기 모세의 운명을 하나님의 인도하심에 맡기고 그를 갈대 상자에 넣어 죽음의 수로를 통해 흘려보냈다. '방주'[67] 안에 있던 **모세**는 나일강을 건너 바로의 집에 도착하여 새 생명을 얻었다. 모세라는 이집트식 이름은 그를 물에서 '건져 내었다'(출 2:10)라는 사실을 평생 기억하게 한다.[68] 모세는 새로운 노아(창 5:29)로서 고대로부터 유아 세례의 오래된 표본이 되었다.[69]

머리인 모세에게 일어난 일이 몸인 이스라엘에게 그대로 재현된다. 여호와께서는 바로의 마음을 '강팍하게' 하셔서(출 4:21, 7:13, 22, 8:19, 9:12, 35)[70] 여호와의 아들이 된 이스라엘을 해방시키기를 거부하게 하셨다(출 4:22-23). 그래서 여호와는 눈에는 눈, 이에는 이, 아들에는 아들로 유월절에 바로의 장자를 데려가셨다. 또한 여호와는 눈에는 눈, 이에는 이, 물에는 물이라는 낭만적인 정의를 실현하기 위해 바로의 군대를 홍해에 빠뜨리셨다(출 14:28-31). 모세는 죽음의 강을 정복하고 이스라엘을 이끌고 죽음의 바다를 건넌다. 나일강을 건넌 모세는 이스라엘 백성의 탄생을 돕는 산파 역할을 했다. 모든 이스라엘은 모세, 즉 **건져냄**을 받은 자로서 세례를 받는다. 이로써 세례를 받은 이들은 건져냄을 받은 백성이 되는 것이다.

세례라는 새로운 출애굽에서 "그리스도인들은 … 옛 압제자인 마귀를 물속에 버려두고 나온다"[71]. 일부 초기 저술가들은 마귀가 바로Pharaoh와 같다고 상상했다. 악한 영들은 마치 바로와 같이 세례자들을 따라 물속으로 뛰어들지만, 뒤늦게 그들이 헤엄칠 수 없다는 사실을 깨닫게 된다는 것이다.[72] 바다가 이스라엘의 적을 죽였듯이, 세례는 하나님에 대한 우리 내면의 적대감을 죽이는 반면, 뒤이어 우리는 "'죽음에서 살아나' 물에서 나온다."[73] 사탄으로부터의 해방은 세례 전, 엑소시즘(퇴마 행위)과 내려놓음의 의식에서 하나의 예식이 되었다. 그 자리에서 지원자들은 내면의 사악함, 그의 행위, 그가 받던 섬김, 화려함을 내려놓았다.[74] 우리는 종종 사탄과 같이 사악한 고발자이자 폭군이 되지만, 세례는 사탄의 잔인한 지배 아래 있는 우리 자신과 세상으로부터 우리를 해방시켜 새로운 피조물로 만들어 준다. 하나님은 십자가에 못 박히시고 부활하신 예수님을 따르는 이들에게 새로운 생명을 주신다.

출애굽 후, 모세와 이스라엘 자손이 승리의 노래로 여호와께 찬송하고, 모세의 누이 미리암은 이스라엘 여인들을 이끌고 승리의 노래를 부른다(출 15:1-21). 베로나의 제노Zeno of Verona(300~371)에게 있어서 승리의 노래를 부르는 미리암은 "찬송을 부르며, 가슴을 치며, 하나님의 백성인 그리스도인들을 광야가 아니라 하늘로 인도하는 교회를 상징한다."[75] 세례를 통해 우리는 미리암의 승리의 찬송을 부른다. 여호와는 전사이시다. 그분은 말과 그 말을 탄 자들을 바다에 던져 버리셨다.

알렉산더 슈메만Alexander Schmemann(1921~1983)이 지적했듯이, 현대인들은 "세상에서 사탄의 존재와 행동을 보지 못하기 때문에" 사탄을 대적할 필요를 느끼지 못한다. 세상은 너무나도 빛나고 세련되어 보이기 때문에 '자유'와 '해방', '사랑', '행복', '성공', '성취', '성장', '자아실현'과 같은 긍정적이고, 심지어 기독교적인 개념들이 실제로는 그 진정한 의미에서 벗어나 '악마'의 도구가 될 수 있다는 사실을 인식하지 못한다. 세례는 삶을 "어둠과 죽음과 지옥으로" 뒤틀어 놓는 "교만과 자기 확신으로 만들어진 '세계관' 전체를 단념하게 한다."[76] 점잖은 중산층 동네처럼 보이는 곳도 독사들이 사는 둥지가 될 수 있다. 세례는 우리에게 사나운 용만큼이나 길들여진 용에게도 저항할 것을 요구한다.

우리는 마귀를 사소하게 여기지만, 우리는 지금도 억압의 영과 피해의식의 망령에 사로잡혀 괴롭힘을 당하고 있다. 수백만 명이 성적 학대나 가정 폭력으로 상처를 받고 있으며, 수십만 명이 전쟁, 고문, 대량 학살로 인해 악몽 같은 외상 후 스트레스에 시달린다. 유물론자들조차 '내면의 악마'에 대해 이야기한다. 따라서 모든 사람에게 세례는 복음이다. 세례를 통해 회복과 구원이라는 새로운 가능성이 열리면, 희생자들은 스스로 갇힌 잔혹성으로부터 구원을 얻는다. 세례가 문제없는 삶을 약속하는 것은 아니다. 이스라엘은 광야에서 유혹을 받았고, 예수님께서도 세례를 받으신 후, 사탄과 맞닥뜨리셨다(마 3:13-4:11).[77] 세례는 사탄과의 전쟁을 일으킨다. 그러나 세례는 억압받는 자들에게 모세보다 더 위대한 보호자, 곧 이미 승리하신 예수님을 보호자로 주실 것을 약속한다.

모세는 미디안의 에덴과 같은 우물에서 난폭한 양치기들로부터 일곱 자매를 보호하고, 그녀들을 위해 물을 길어 올린다(출 2:16-17). 물이 떨어질 때마다 모세는 물을 길어 올린다. 이것은 또 다른 머리와 몸의 에피소드다. 이스라엘 백성이 홍해 바다를 통과한 후, 모세는 온 이스라엘에게 물을 공급했으며(출 17:5), 마라에서는 연못에 나무를 던져 쓴 물을 단물로 만들었다(출 15:22-25).[78] 세례에서 물로 세례를 받은 사람은 물의 근원이 되고, 성령으로 태어난 사람은 성령의 샘물이 된다.[79] 예수님은 "나를 믿는 자는 그 배에서 생수의 강이 흘러나오리라"고 말씀하셨고, 요한은 "이는 그를 믿는 자들이 받을 성령을 가리켜 말씀하신 것이라"(요 7:38-39)고 덧붙여 말했다. 세례를 받은 사람은 죽음의 물에서 생수의 강이 흘러넘치게 하는 **모세**와 같다. 세례를 통한 우리의 출애굽은 단순히 자유를 얻기 위한 것이 아니라, 자유를 주기 위한 것이다.

바울에게 출애굽은 일종의 경고였다(고전 10:1–2).[80] **모두**가 구원을 받아 광야에서 새로운 삶을 시작했지만, "그들 대부분은 하나님께서 기뻐하지 않으셨다"(고전 10:5a). 그들은 원망하며 "광야에 누워"(고전 10:5b) "'멸망시키는 자에게 멸망을'(고전 10:10) 당했다." **이것이** 바로 우리 모습이다(고전 10:6)[81]. 우리는 마귀로부터 구원받아 하늘의 떡을 먹고 반석에서 나오는 물을 마시게 되었다. 그러나 세례를 받은 우리는 다시 광야로 들어간다. 떡과 물이 우리가 약속의 땅에 들어갈 것을 보장해주지 않기 때문이다.

바울은 세례와 믿음의 상관관계에 관해서 논란이 될 만한 질문을 던진다. 세례교인이 되려면, 기본적으로 회개와 믿음의 고백이 세례보다 선행되어야 한다. 그래서 유아 세례를 반대하는 사람들은 세례를 받고 유아에서 한참 지나서야 믿음이 생기는 점을 지적하는 반면, 유아 세례를 지지하는 사람들은 세례가 세례를 받는 어린아이 안에서 믿음을 '창조'한다고 주장한다.

우리는 성경이 말하는 '회개'와 '믿음'의 의미를 명확히 할 필요가 있다. 성인이라 하더라도 회개가 세례보다 앞선다고 단정하기 어렵다. 세례야말로 사탄에게서 그리스도께로 '돌아서는' 회개다. 오순절에 베드로는 "회개함으로 세례를 **받으라**"고 촉구했다.[82] 세례 뒤에는 **항상** 회개가 따라오며, 세례는 지속적인 회개의 삶을 시작하는 것이다. 그래서 마르틴 루터Martin Luther는 '그리스도인의 삶'을 '영원히 계속되는 세례'와 같다고 말했다.[83]

기독교 신앙의 핵심은 왕이신 예수님께 대한 충성이다.[84] 세례를 받으면 성인이든 유아든 예수님께 충성을 서약하고 성령님의 인치심을 받아 하나님의 군사로, 종으로, 하나님의 양 떼로 구별된다. 세례의 은총은 우리가 짊어진 이름에 대한 믿음, 즉 헌신적인 충성심을 일깨워 준다. 믿음이 충성심이라면, 그 충성심은 어떤 풍파 속에서도 변함없이 유지되어야 한다. 전투에서 위축되는 군인은 지휘관에 대한 믿음을 저버리는 것이다. 성령님은 믿음의 은사를 주시고 우리를 믿음 안에 굳건히 서게 하셔서, 지휘관에 대한 충성심을 지켜나가도록 하신다. 중요한 것은 세례를 받기 전의 믿음의 크기가 아니라, 세례 그 후에 성령님께서 주시는 굳건한 믿음의 은사다.

우리는 바울이 경고하는 두 가지 측면을 모두 진지하게 받아들여야 한다. 모두 구름 아래를 통과했고, 모두 모세와 함께 세례를 받았으며, 함께 먹고 마셨다. 이스라엘 백성들 전부가 이 일들을 직접 경험했다. 그러나 많은 사람이 원망하며 넘어졌다. 그들은 모세와 함께 했음에도 불구하고, 끊어지거나 떨어져 나갔다. 여호와의 가족으로 입양되었지만, 그들은 탕자蕩子가 되었다. 세례를 받은 그리스도인들에게도 이런 일들이 일어난다. 그들은 양들처럼 방황한다. 마귀에게 붙들려 그에게 다시 굴복하고 해로운 늪이 되어버린 사람들도 있다. 왜 자녀가 완벽한 아버지를 배신하게 될까? 육체의 일부가 자신의 몸을 거역하는 이유는 무엇인가? 이러한 배신자들은 예수님의 비유에서 왕에게 갚을 수 없는 빚을 진 무자비한 종과 같다(마 18:23-33).[85]

바울의 경고는 두려움을 자극하지만, 절망을 불러일으키지는 않는다. 경건한 두려움은 우리로 하여금 세례를 통해 얻은 믿음 안에서 인내하도록 인도한다. 소돔을 그리워하여 뒤를 돌아보다가 소금 기둥이 되어 죽은 롯의 아내를 떠올려보자.[86] 우리의 배은망덕한 탐심이 우리를 죽이기 전에 그것을 제거해야 한다. 육신의 정욕과 안목의 정욕, 이생의 자랑을 물리치자. 뒤에 있는 애굽은 잊어버리고 앞에 있는 영광을 향하여 나아가자. 하나님께서 세례를 통해 우리에게 선포하신 말씀을 믿자. 그 믿음을 지키자. 세례를 받을 때, 우리는 하나님 편에 설 것을 서약했다. 성령님을 의지함으로 그분의 편에 **굳게 서서** 믿음을 지키자.[87]

이 구원의 홍수로 말미암아
아담에게서 난 모든 것과
여자가 더한 모든 일이
물에 잠겨 사라지게 하소서.

VII

완전한 씻김

"모든 물을 거룩하게 하사 … 완전한 죄 씻음을 주셨나이다."

세례는 새로운 창조의 확실한 증거다. 세례는 예수님께서 새로운 창조를 시작하셨음을 세상에 선포하는 것이다. 세례는 세례자에게 새로운 창조와 창조 질서의 회복에 참여하게 한다. 새로운 피조물로서 세례를 받은 사람은 세상에서 구원받아 방주 안으로 들어가고, 육신을 벗고 성령 안에서 걸을 수 있게 되며, 마귀로부터 해방되어 새로운 모세를 따르게 된다.

예수님께서는 마지막 아담으로서 인류를 위한 소명을 완수하셨다. 성령 안에 거하는 새 사람으로서의 예수님은 제사장이시며, 승리하시는 왕이자, 선지자가 되신다. 세례를 받음으로써 우리는 그분의 소명에 동참하게 된다. 우리는 제사장으로 성별聖別되고, 왕으로 기름 부음을 받으며, 선지자로 영감靈感을 받는다. 앞으로 몇 장에 걸쳐 레위기에서부터 시작해서 여호수아서, 왕정과 선지자로 이어지는 새로운 창조의 각 측면을 차례로 살펴보고자 한다.

세례는 우리를 어린 양의 혼인 잔치를 위해 준비시키는 신부의 목욕과 같다(엡 5:25-26, 계 19:9-10). 이것은 교회뿐만 아니라 이스라엘에게도 마찬가지였다. 왕의 집에서 잔치를 하려면 이스라엘은 정결해야 한다. 부정한 음식을 먹는 것(레 11장), 출산(레 12장), 피부병(레 13장), 남성 생식기 분비물(레 15:1-17), 성관계(레 15:18), 월경(레 15:29-30), 시체와의 접촉(민 19:1-22) 등 많은 것이 부정不淨을 유발한다. 그러나 부정한 것은 죄가 아니다. 부부는 성관계를 가져야 하지만, 성관계로 인해 더럽혀진다(레 15:18). 사람이 죽은 아버지를 장례로 모시는 것은 자식으로서 당연한 것이지만, 장례식에 참여함으로써 일주일 동안 부정하게 된다. 이는 아담 이후로는 죽음과 죄와 육신이 세상을 지배하고 있기 때문이다(롬 5:12-21). 부정의 규례는 인간의 삶을 침범하고 감염시키는 저주를 상징한다.

부정不淨한 사람들은 여호와의 집이나 식탁에 참여할 수 없다. 그들이 돌아오려면 정결 의식을 수행해야 하는데, 대부분의 정결 의식에는 물로 '세례'를 받는 것이 포함된다(히

9:10). 부정한 고기를 만지거나 먹으면, 몸을 씻고 옷을 세탁한 후에 저녁 제사를 통해 정결하게 될 때까지 기다려야 한다(레 11:24-28, 40). 월경이 끝나면, 여자는 몸을 씻고 비둘기를 희생 제물로 바친다(레 15:25-30). 시체로 더럽혀진 것들을 씻는 수단 또한 불에 태운 붉은 암소의 재와 물로 만든 '정결하게 하는 물'이다(민 19:1-22).

물로 씻는 정결 의식은 부정한 이스라엘 백성을 회복시키고 예배의 장소인 성막으로 돌아오게 한다. 씻음은 그들을 여호와의 집에 모인 예배 공동체로 회복시킨다. 세상의 모든 부모와 마찬가지로 여호와께서는 자녀들이 식탁에 앉기 전에 반드시 먼저 몸을 씻도록 하신다.

성막聖幕에서 이스라엘 백성들이 하는 일은 짐승을 희생 제사로 드리는 것이었다. 하지만 제사는 도살, 절단, 불사르는 것 이상의 의미를 가진다(레 1-7장). 여호와께서는 이스라엘이 자신과 함께 만찬을 즐길 수 있도록 하기 위해 성막을 세우셨다(신 12:1-14). 여호와의 성막은 왕궁과 같으며, 왕궁의 내실은 왕실의 시종들조차도 함부로 들어갈 수 없는 곳이다. 그러나 성막의 목적은 여호와의 환대를 경험하는 회막會幕이 되는 것이다.[88]

시내산에서 새롭게 드려진 대표적인 제사는 화목제이며, 이는 이스라엘 백성들이 먹을 수 있는 유일한 제사였다(레

7:11-18). 속죄제(레 4장)와 속건제(레 5:14-6:7)도 시내산에서 새롭게 시작된 제사로, 이스라엘이 여호와와 함께 먹고 마실 수 있도록 죄를 씻고 허물을 속贖하는 제사다. 제사장들이 제사를 드리는 목적은 결국 여호와의 식탁에 오르기 위해서인지도 모른다. 이스라엘 백성은 여호와의 '동반자'로서 그분의 떡을 함께 나누어 먹는 사람들이다(레 21:6, 8, 17, 21-22). 여호와께서는 밀회의 장막에서, 그분의 '동산의 시냇물'(아 4:12, 15)이자, '샘'(잠 5:18)인 신부와 함께 끝없는 혼인 잔치를 계속하실 것이다.

예수님의 피는 세례의 물을 통해 우리를 깨끗하게 한다. 첫 번째 장에서 살펴본 것처럼 세례는 우리를 순전하고 거룩하신 그리스도와 연합하게 함으로써 이러한 능력을 발휘한다. 세례를 받음으로써 우리는 그리스도의 몸인 교회의 일원이 되고, 정결한 이들의 무리에 참여하게 된다. 세례는 이스라엘의 정결 의식보다 더욱 더 강력하다. 모세의 율법에서 이스라엘은 반복적으로 죄를 씻어야 했다. 그러나 새 언약에서는 한 번만 세례를 받으면, 하나님의 집에서 영원히 환영을 받는다. 예수님께서 나무에 달려 저주를 받으심으로써 사망의 권세를 끝내셨다(롬 5:12-21). 세례로 깨끗해진 우리는 더 이상 부정함에 대한 두려움 속에서 살지 않는다. 정결淨潔한 자에게는 모든 것이 정결貞潔하다(롬 14:20).

세례는 우리에게 예수님의 식탁에 앉을 자리를 준다. 예비 신자들은 이 사실을 분명히 알고 있었다. 개종자가 세례를 받으면, 성찬에 참여할 자격이 주어진다. 많은 사람이 어린아이들에게 세례는 베풀면서도, 아직 예수님의 식탁에는 함께 할 수 없는 제한을 둔다. 이는 교리적으로나 실천적으로나 잘못된 것이다. 어린이가 가족이라면, 가족 식사에 참여하는 것이 자연스러운 것이다. 아이가 이미 손을 씻었다면, 저녁 식사에 참여하지 못할 이유가 무엇인가?[89]

우리는 정결 의식을 행하지 않을 뿐, 여전히 수치심을 경험하고 자신의 부정함을 느낀다.[90] 자신의 몸을 보고 움츠러드는 뚱뚱한 남성, 자신의 나약한 의지에 혐오감을 느끼는 중독자, 어머니가 항상 자신을 못생겼다고 비난하는 바람에 거울에 비친 자신의 예쁜 얼굴을 제대로 바라보지 못하는 여성, 이들 모두가 스스로 부정하다고 느낀다. 요한 바오로 2세[John Paul II](1920~2005)는 부끄러움이란 "또 다른 나에 대한 두려움이다."라고 말했다. 부끄러움을 느낄 때, 우리는 우리 자신을 있는 모습 그대로 드러낼 자격이 없다고 느끼기 때문에 자신과 타인, 자신과 하나님 사이에 벽을 세운다.[91] 우리는 우리 자신이 세상에 있어서는 안 될 이질적인 존재이며, 하나님의 우주적 성전에 나아갈 자격이 없는 무가치한 존재라고 느낀다.

부끄럽고 부정하다고 느끼는 이들에게 세례는 복음이다. 물과 성령으로 거듭난 세례자는 하나님의 아름다움으로 눈부신 빛을 발한다. 세례는 하나님과 우리 사이를 가로막는 부끄러움의 장벽을 녹여버린다. 세례는 우리를 완전히 그리스도와 한 몸이 되게 한다. 또한 세례는 우리와 창조 세계의 관계를 회복시켜 다시 하나가 되게 한다. 고대 의식에서 세례 지원자들은 아담과 하와가 '벌거벗었으나 부끄러워하지 않았던'(창 2:25) 순결한 에덴으로 돌아간다는 의미에서 알몸으로 세례를 받았다.[92]

세례는 또한 레위인의 정결 의식을 완성한다. 거룩과 순결은 같은 것이 아니다. 정결한 사람은 여호와의 집 뜰에 들어가서 그분의 음식을 먹을 수 있다. 그러나 여호와께서는 지성소에 거하실 때, 성막 전체를 그분의 영광으로 성별聖別하셨다(출 29:43). 성막 안의 모든 것이 거룩하다는 말은 모든 것이 그분의 것이라는 뜻이다. 거룩한 사람만이 거룩한 그릇과 가구들을 만지고, 거룩한 땅을 밟고, 거룩한 음식을 먹을 수 있다. '거룩한 것은 거룩한 사람에게만'이 레위기의 규칙이다.

모든 이스라엘 사람은 '왕 같은 제사장'의 일원이자 '거룩한 나라'(출 19:6)의 시민이지만, 제사장들은 더 높은 수준의 거룩함을 갖추어야 한다. 거룩한 사람, 곧 성스러운 존재가 되기 위해 아론은 '손을 채우는 의식'으로 알려진 엄격한 제사장 위임식을 치렀다(출 29장, 레 8-9장). 시작부터 모세는 형 아론을 씻기고 기름을 바르고 옷을 입힌다. 많은 기독교 저술가들은 이러한 의식을 거룩한 세례의 완전한 씻김의 예표로 보았다. 신학자인 시리아의 에프렘Ephrem the Syrian(306~373)은 다음과 같이 말했다. "기름은 성령님의 친한 친구이며, 제자처럼 성령님을 따르고 성령님을 섬깁니다. 성령님은 이 기름으로 제사장들과 기름 부음을 받은 왕들을 세우셨습니다."[93] 세례는 우리를 거룩하게 하고, **성령**으로 기름을 부으며,[94] 우리를 성도로 옷 입힌다(갈 3:27-28). 우리는 세례반(세례대)에서 나와 깨끗해지며, 또한 거룩한 존재로 거듭난다.

이는 우리가 하나님의 거룩한 집인 성전의 산 돌living stones이 되도록 세례를 받았다는 것을 의미한다(벧전 2:4-5).[95] 이것이 무엇을 의미하는지 알기 위해서는 이스라엘의 성소에 대해 자세히 알아볼 필요가 있다. 성막聖幕은 천막 형태로 만든 시내산의 이동식 모형이다.[96] 시내산은 세 구역으로 나뉜다. 이스라엘은 산기슭으로 모이고(출 19:17), 제사장들과 장로들은 중간쯤까지 올라가며(출 24:9-11), 모세는 정상에서 불타는 폭풍 구름 속으로 들어간다. 마찬가지로 성막은 뜰, 성소, 지성소로 나뉜다. 모든 이스라엘 백성은 뜰까지 들어가지만, 제사장은 구름을 통과하여 성소로 들어갈 수 있고, 대제사장만이 휘장을 통과하여 여호와께서 금빛 그룹들의 날개 사이에 임재臨齋하시는 지성소로 들어간다. 성막의 구역은 이스라엘 내의 신분 구분을 나타내며 성소, 이후 솔로몬의 성전 역시 살아 있는 성전, 즉 이스라엘 백성을 상징한다.(요 2:19-21, 고전 3:16-17, 6:19, 엡 2:21).

성막의 휘장은 에덴을 연상시키는 그룹들cherubim로 직조되어 있었다(창 3:22-24). 에덴과 마찬가지로 이스라엘의 성소도 물이 풍부한 곳이었다(왕상 7:23-39, 겔 47:1-12). 악한 영들이 하나님의 집에 침입하면 그 물은 치명적인 것으로 변한다(계 8:10-11). 아담과 출애굽 사이에 여호와께서 이 땅에 머무시는 장소가 정해져 있지 않았고, 아무도 여호와의 오아시스에 들어가지 못했다. 시내산에서 아론은 그의 아들들과 함께 새 아담, 곧 하나님의 새 동산을 가꾸는 조력자로 세움을 받았다(출 29장; 레 8-9장).[97]

성막은 또한 우주적 성전으로 창조된 창조 세계의 복제품이다. 성막의 뜰은 제단 역할을 하는 산이 있는 대지이며, 성소는 일곱 개의 별이 빛나는 메노라menorah(역자 주: 일곱 갈래로 이루어진 촛대)와 황금 식탁에 하늘의 양식이 진설陳設되어 있는 창공이다. 지성소는 여호와의 지상 보좌실로써 천국을 반영한다. 우리가 이곳에서 세례를 받는다면, 우리는 창조 세계와 올바른 관계를 회복하게 되는 것이다.

세례는 우리를 성령의 전에 쓰이는 벽돌과 회반죽이 되게 한다. 마르틴 루터Martin Luther는 세례와 주主의 만찬을 신성한 연인이 그의 신부와 사랑을 나누기 위해 지정된 장소인 '밀회의 장소'와 같다고 말한다.[98] 세례는 지도와 같은 의식儀式이다. 말 그대로, 주님의 만찬과 세례는 하나님께서 임재하시는 곳, 은총을 나누어 주시는 곳을 나타내는 'X' 표시된 지도와 같다. 세례가 이루어지는 곳마다 주님은 "**이곳에서** 나를 찾으라. **여기서** 나를 찾을 수 있다."라고 말씀하신다.[99] 우리는 각기 우주적 성전을 구성하는 성령의 전이다. 하나님께서는 우리를 그분의 이름으로 인치시고, **우리에게** "여기서 나를 찾게 될 것이다."라고 말씀하신다.

예수님은 거룩하신 분이시며, 새 언약의 대제사장이 되신다. 우리가 예수님의 세례와 연합을 함으로써 우리의 세례는 새로운 거룩한 질서를 선포하고 이루게 된다. 세례를 받은 모든 사람은 성인聖人이자 거룩한 사람이며, 제사장이다.[100] 남자든 **여자든** 그리스도의 제사장으로 성별聖別되고, 자유인이나 **종이나** 모두 그리스도로 옷을 입게 되며, 유대인이나 **이방인이나** 하나의 성령으로 기름 부음을 받게 된다. 세례는 새로운 제사장 직분을 만든다. 이렇게 세례가 거듭될 때마다 제사장이 한 명 더 추가되는 것이다.

우리는 단순히 성별된 존재가 아니라 하나님의 말씀과 기도와 감사로 모든 만물과 모든 사람을 거룩하게 하기 위해 성별된 존재다(딤전 4:4). 우리는 예배 시간이나 교회에서만 제사장 역할을 하는 것이 아니다. 우리는 일상의 업무에서, 가정에서, 친구들 사이에서 끊임없이 감사하는 삶으로 모든 것을 하나님께 구별해서 드려야 한다.

이제 사람이, 곧 **성전이 되었으며**, 그 결과 우리의 제사장 직분 또한 변화되었다. 제사장이 하나님의 집을 지키듯, 세례받은 사람들은 죄의 더러움으로부터 서로를 보호한다. 제사장이 분향을 하듯, 우리는 서로를 위하여 간구한다. 제사장이 제단에 제물을 바치듯, 세례자들은 찬양의 제사를 드리는 찬양대를 결성한다. 제사장은 기름을 보충하고 촛대의 심지를 다듬는다. 이와 같이 우리는 우리의 빛이 사람들 앞에서 빛날 수 있도록 성령님의 지속적인 공급을 구하고, 교회 전체가 언덕 위의 빛의 도시처럼 타오를 수 있도록 서로를 다듬고 채워야 한다.

제사장 임직 예식은 '손을 채우는 의식'이라고 불린다. 세례는 **우리의 손**에 은사와 사명을 가득 채운다. 그래서 세례받은 사람들은 두 손이 가득 차 있다.

또한 여자를 불의한 자들로부터 구별하사

VIII

요단강을 건너다

"[하나님께서] 요단강과 세상의 모든 물을 거룩하게 하사 구원의 홍수가 되게 하셨으니"

세례는 우리를 제사장으로 세움으로써 새로운 피조물이 되게 한다. 또한 우리를 정복자, 예수님의 군사, 새롭고 더 뛰어난 여호수아로 만들어 새로운 피조물이 되게 한다.

물은 경계선이다. 이스라엘이 애굽을 떠날 때, 그들은 홍해를 건너 광야로 나아갔다. 여호와께서 그 메마른 땅을 비옥한 밭으로 바꾸시고 하늘의 떡을 비처럼 내리셨음에도, 광야는 그들의 영원한 고향이 아니다. 이스라엘이 번성하려면, 가나안으로 **들어가야** 했다.

이스라엘에게 때가 찼을 때, 그들은 다시 물의 경계를 가로지르게 되었다. 여호와는 창조 셋째 날(창 1:9–10)과 홍해(출 14:16, 21)에서 그랬듯이 물속에서 마른 땅을 드러내셨다. 홍수 철이 되면 요단강 물은 어김없이 가득 차 있었다(수 3:14-17). 이스라엘은 모세에게 세례를 받았듯이 여호수아에게도 세례를 받았는데, 이 기적을 통해 여호수아는 새로운 모세가 되었다.[101] 홍해와 달리 요단강은 누구도 죽이지 않았으며, 세상도 사라지지 않았다. 바로의 군대가 익사하는 일도 일어나지 않았다. 요단강은 생명의 강이다.[102] 이스라엘이 그 땅에 들어가기 위해서 죽음의 세례와 부활의 세례가 모두 필요했던 것이다.

이스라엘이 가나안에 들어서자 여호와는 아브람Abram에게 하신 약속을 성취하기 시작하셨다(창 15:17-21). 여호수아를 따라 이스라엘은 젖과 꿀이 흐르는 땅, 하늘의 비로 촉촉하게 적셔진 땅, 자신들이 건설하지도 않은 도시와 심지도 않은 포도원과 과수원이 있는 땅을 차지하게 되었다(신 6:10-11, 수 12-21장). 요단강에서의 세례는 그들에게 하나님의 약속을 상징하며 장자권을 부여하기 때문에, 상속권의 강력한 징표가 되었다.

이스라엘은 애굽에서 요단강 동편 모압 땅으로 행진했다(민 22:1, 신 34:1-8). 그 땅에 들어간 그들은 동쪽에서 서쪽으로 요단강을 건너 이동한다. 이 행진의 진행 방향에는 주목할만한 특징이 있다. 여호와는 에덴의 동쪽 문에 그룹들cherubim을 세워 서쪽 방향에서의 재진입을 차단하셨다(창

3:24). 그런데 제사장은 여호와의 지성소로 들어가기 위해 서쪽에서 동쪽 방향으로 나아간다(출 26:22, 27). 이스라엘이 요단강을 동쪽에서 서쪽으로 건넌 것은 그들이 새로운 인류가 되어 회복되고 확장된 에덴동산으로 다시 들어가는 것을 의미한다. 그들은 요단강에서 제사장 민족으로서 세례를 받고 신성한 땅, 곧 거룩한 하나님의 영역으로 들어간 것이다.

이스라엘이 가나안에 정착하기까지 그들은 싸움을 계속했다. 여호와께서는 이스라엘에게 여호수아의 세례를 베푸시고 정복을 위한 군대를 소집하셨다. 요단강의 홍수를 통과한 이스라엘은 가나안 땅에 **홍수가 되어** 우상과 우상 숭배자들과 그들의 신전을 싹 쓸어 버렸다.[103] 계속되는 전투 가운데, 세례는 이스라엘의 궁극적인 승리를 보장했다. 신성한 전사이신 여호와의 인도하심을 따라, 이스라엘은 최종적인 승리에 대한 확신을 가지고 싸웠다. 여호수아가 일반적인 전쟁이 아닌 독특한 전술을 구사했던 이유도 여기에 있다. 이스라엘은 제사장 행렬과 함성, 나팔 소리로 거대한 도시 여리고의 성벽을 무너뜨렸다(수 6장). 이스라엘이 승리할 때마다 영웅은 언제나 여호와이셨다.

새 언약은 세례 요한이 회개의 세례를 전파했던 강가에서 시작되었다. 이미 로마는 이스라엘의 마른 뿌리에 도끼를 들이댔고, 이스라엘이 회개하지 않으면, 도끼로 찍어 불에 던져버릴 준비가 다 되어 있었다(마 3:1–10). 세례 요한은 물세례를 통해 남은 자들이 회개의 열매를 맺고 불길을 피할 수 있도록 물을 뿌려준 것이다.

세례 요한이 요단 광야에서 세례를 베푼 것은 의도적인 선택이었다(마 3:6).[104] 이스라엘의 죄로 인해 여호와께서 자기 백성을 추방하셨다. 그들은 다시 그 땅으로 돌아왔지만 제대로 심지도, 가꾸지도, 물을 주지도 않았기 때문에 열매를 맺지 못했다. 요한은 광야에 물을 부으며 다가올 이스라엘의 구원과 승리를 극적으로 묘사했다.[105] 하늘의 비가 광야를 샘으로 바꾸고, 요단강의 세례를 받은 새 이스라엘이 그 땅을 상속받게 될 것이다.

예수님은 새로운 여호수아이시다. 예루살렘의 키릴로스Cyril of Jerusalem(315~387)는 둘 사이에 많은 부분에서 유사함을 강조했다. 여호수아는 요단강을 통과한 후에 '백성을 다스리기 시작'했고, 예수님은 '복음을 전파하기 시작'하셨다. 예수님은 여호수아가 '기업을 나누기 위해 열두 지파를 임명'한 것처럼 '열두 사도'를 부르셨다. 여호수아는 상징적으로 '기생 라합을 구원'했으며, 진정한 여호수아이신 예수님은 '세리와 창녀를 … 하나님 나라'로 맞이하셨다. 여호수아는 여리고를 멸망시켰고, 예수님은 예루살렘의 멸망을 예언하셨다. "함성과 함께 여리고 성벽이 무너졌다 … 그리고 예수님께서도 성전을 향해 '여기 돌 하나도 돌 위에 남지 아니하리라'고 말씀하셨다. 그로 인하여 유대인들의 성전은 무너졌으며, 그 무너짐의 원인은 하나님의 심판이기 이전에 범법자들의 죄 때문이었다."[106]

예수님은 새로운 여호수아로서 모든 민족을 정복하여 기업으로 받으셨다(시 2편). 그분의 요단강 세례에 동참하여 세례를 받은 우리는 하늘에 속한 기업이 되시는 예수님, 곧 완전한 그리스도와 더불어 시온의 공동 정복자이자 공동 상속자이다.[107] 예수님께서 세례를 받으실 때, 성령을 받으신 것처럼, 우리도 세례를 받을 때, 성령을 통해 언젠가 만물이 허망한 것들로부터 자유하게 되어 얻게 될 미래의 기업에 대한 확신을 얻는다(롬 8:12-25).[108] 지금도 우리는 그 미래를 맛볼 수 있다.

일부 기독교인들에게 정복과 상속에 대한 이야기는 이질적이거나 심지어 부도덕한 것처럼 느껴진다. 고대 이스라엘은 땅을 정복했지만, 오늘날 그리스도인들은 땅을 정복하는 지휘관이 아니라 고난받은 종이신 예수님 안에서 예수님과 함께 고난을 받도록 부름을 받았다. 고대 이스라엘 사람들은

땅을 기업으로 받았지만, 우리 그리스도인들은 하늘나라를 유업으로 받는다.[109]

그러나 우리는 이러한 영적인 경향에 저항을 해야만 한다. 우리는 아브라함의 믿음을 이어받은 자로서 '**세상의** 상속자'(롬 4:13)인 아브라함과 더불어 우리도 상속자들이다. 생명이나 사망이나 현재 일이나 장래 일이나 하늘이나 땅이나 모든 것이 그리스도 안에 있는 자의 것이다. 우리는 그리스도의 것이고 그리스도는 하나님의 것이기 때문에 이 모든 것은 우리의 것이며(고전 3:18-23), 현세와 내세의 모든 피조물 또한 세례받은 자들의 것이다.

갈렙의 딸 악사가 그니스의 아들 옷니엘과 결혼을 한 후, 네겝 땅으로 가면서 아버지에게 지참금으로 우물을 달라고 한 것처럼(수 15:18-19), 교회는 하나님 아버지께 이 세상뿐만 아니라 생수가 넘치는 세상을 유산으로 달라고 간구해야 한다.

이 유산은 우리의 것이며, 우리는 그것을 정복할 수 있는 힘도 가지고 있다. 세례는 여자의 후손이 뱀의 후손과 싸우는 인류 역사의 위대한 전쟁에 우리도 참전하게 한다. 세례는 우리를 교회의 군사로 삼아 진리의 허리 띠, 의의 호심경, 평안의 복음의 신, 믿음의 방패, 구원의 투구, 하나님의 말씀인 성령의 검 등 다양한 무기를 갖추게 한다(엡 6:12-17).

세례받은 자의 싸움은 영적 무기로 싸우는 믿음의 싸움이며 (고후 10:1-6), 말씀과 물, 찬송, 기도, 빵, 포도주로 이루어지는 전례典禮적인 싸움이다.[110] 우리는 우리의 마음,[111] 교회, 직장, 주변 세상 등 어디서든 우상을 비롯해 예수님을 대적하는 모든 것을 파괴하기 위해 부르심을 받았다. 세례는 우리가 예수님의 이름으로 모든 악한 세력에 대항하도록 한다. 그것이 사소한 것이든 강력한 것이든 상관없다. 우리는 우리의 사령관께서 모든 원수가 그분의 발아래 있을 때까지 정복하고 통치하실 것을 확신한다(고전 15:25). 세례는 우리를 승리하는 편에 서게 함으로써 그리스도 안에서 새로운 피조물로 만들어 준다.

우리는 하나님의 상속자이기 때문에 만물이 우리를 섬긴다.[112] 질병은 기꺼이 십자가를 메고 갈 수 있는 기회를 준다. 가난은 우리의 성숙을 돕고, 부富는 관대함을 베풀 기회가 된다. 모든 것이 우리의 것이기에 부는 가난한 자의 소유가 되고 가난은 부를 복되게 한다. 죽음은 우리의 원수이지만, 우리도 죽음을 소유하고 있다. 죽음은 주님 앞으로 나아가는 통로가 되기 때문에, 우리는 이 원수를 사랑하는 법을 배운다. 우리에게 닥친 모든 작은 죽음들이 우리의 원수지만, 우리는 그것들이 가져다주는 새로운 생명 때문에 그것들을 사랑한다.

그 어떤 것도, **그 무엇도** 우리의 유익을 위한 것이다. 우리에게 유익하지 않는 것은 존재하지 않는다. 세례는 우리를 주主이자, 모든 사람의 종이 되신 예수님과 연합시킨다. 마르틴 루터는 세례를 받은 사람을 '만물의 주'이면서 동시에 '만물의 종'인 완전한 자유인이라고 말한다.[113]

주의 나라의 거룩한 방주 안으로
보존하여 물로부터 안전하게 하시며

IX

벤 풀 위에 내리는 비

"성령 안에서 순전한 믿음을 가진 이를 축복하사"

예수님이 세례를 받으실 때, 성령이 비둘기처럼 내려와 그분 위에 머물러 계셨다(마 3:16, 눅 3:22, 요 1:32). 오순절에 베드로는 사도들에게 부어주신 성령을 청중들도 경험하려면, 세례를 받으라고 촉구했다(행 2:38). 성령님은 세례를 통해 우리를 한 몸이 되게 하시며, 유대인과 이방인, 종과 자유인, 남자와 여자를 화목하게 하신다(고전 12:12-13). 예수님은 니고데모에게 "사람이 물과 성령으로 나지 아니하면 하나님 나라에 들어갈 수 없다"(요 3:5)라고 말씀하셨다.[114] 첫 창조(창 1:2)처럼, 새 창조의 실체이신 예수님도 성령의 능력으로 물 가운데서 나오셨다.[115] 그것은 우리도 마찬가지다.

성령님은 세상의 빛이신 예수님을 종으로 준비시키시는

기름이 되신다. 성령님은 예수님께 기름을 부어 가난한 사람들에게 기쁜 소식을 전하고, 포로 된 자들을 풀어주고, 눈먼 이들에게 다시 보게 하고, 억눌린 사람들을 자유롭게 하는 종이 되게 하셨다(사 11:1-9, 눅 4:16-21).[116] 성령님은 우리에게도 기름을 부으신다. 일부 기독교 전통에서는 물로 하는 세례 전후에 기름 부음을 받는 예식이 포함되어 있다.[117] 기름을 사용하든 사용하지 않든, 세례받은 사람은 기름 부으심을 받은 것이며, 성령으로 기름 부음 받은 몸의 지체가 된다. 우리는 기름 부음 받은 자 안에 있는 기름 부음 받은 자, 즉 그리스도 안에 있는 그리스도이다(요일 2:20). 우리는 성령의 기름으로 충만하여 선한 일로 빛나고, 성령의 능력을 받아 종의 일을 계속하게 된다.[118] 우리는 사사들과 같은 성령의 용사가 되며(삿 3:10; 6:34; 11:29; 13:25; 14:6, 19; 15:14), 성령의 지혜를 받아 하나님의 집을 짓고 장식했던 브살렐과 오홀리압(출 31:2-6; 35:30-35)과 같이 된다. 모든 세례는 성령님께서 바람과 불로 임하시는 작은 오순절이다.

이스라엘의 '기름 부음 받은 자'는 제사장, 왕, 선지자였다. 사울, 다윗, 솔로몬은 기름 부음을 받아 왕위에 올랐으며(삼상 9:16, 10:1, 16:1-13, 왕상 1:34, 38-40), 모두 성령을 받아 그들의 사명을 수행했다(삼상 10:1-13, 16:13, 왕상 3:1-14, 신 34:9, 사 11:1-2 참조). 엘리야는 엘리사를 선지자로 세우기 위해 기름을 부었으며(왕상 19:16), 엘리야가 떠날 때, 엘리사는 엘리야의 영을 두 배로 받았다(10장 참조). 기름 부음으로서 세례는 왕과 선지자들 사이에 영적인 연합을 이끌어낸다. 본 9장에서는 세례와 왕권에 대해 살펴보고, 다음 10장에서는 선지자의 일원이 된다는 것이 무엇을 의미하는지 살펴보고자 한다.

정의正義는 성경적 왕권의 특징이며, 세례를 받은 사람은 시편 72편에 기록된 왕처럼 정의의 용사로 기름 부음을 받는다(사 32:1-2 참조). 왕은 정의를 은사로 받았기 때문에 공의를 행한다(시 72:1). 왕의 통치는 왕좌가 있는 산, 곧 왕 자신과 다를 바 없는 산으로부터 정의가 솟구쳐 흘러서 산 아래의 땅에 평화를 가져온다. 정의로운 왕은 바다처럼 깊은 지혜로 다스리는 물과 같다(잠 18:4). 또한, 정의로운 왕은 하나님의 말씀과 판결을 대언代言하고 집행한다. 왕의 이름은 여호와의 이름과 하나가 되어서 영원토록 복을 누릴 것이다(시 72:2-3).

가난하고, 상처받고, 연약하고, 궁핍하고, 고립된 사람들을 돌보는 것은 정의로운 사회의 성경적 규범이다. 가장 약한 사람이 보호받지 못하거나, 법정에서 공정한 심리를 받기 위해 돈이 필요하거나, 가난한 사람이 성공할 기회를 박탈당

한다면 그 사회는 정의롭지도 건강하지도 않은 사회다. 왕의 정의는 특히 궁핍하고 가난한 사람들을 복되게 한다(시 72:4, 12-14). 여호와께서 이집트의 바다 괴물 라합Rahab(리워야단 참조)의 머리를 부수셨던 것처럼(사 51:9), 왕은 힘없는 사람들을 위해 판결을 내리고 압제자들을 물리쳐 무력한 사람들을 구원한다.

왕의 정의는 아름다운 시편의 한 구절로 요약된다. "그는 벤 풀 위에 내리는 비 같이, 땅을 적시는 소낙비같이 내리리니"(시 72:6). 정의의 비가 내리지 않으면, **모든 것**이 죽고 정원은 황무지와 같이 시들어버린다. 정의로운 왕이 통치하면, 곡식 줄기가 레바논의 백향목처럼 우뚝 서고, 도시는 에덴동산처럼 싱그럽고 푸른 들판처럼 번성한다(시 72:16).[119] 비는 상쾌하고 깨끗하게 하며, 영화롭고 빛난다. 들판에 내리는 비는 오늘의 수확을 넘어서 미래의 수확을 약속한다. 여호와의 축복을 받은 정의로운 왕은 땅에 세례를 베풀어 정의를 물 같이, 공의를 마르지 않는 강같이 흐르게 한다(암 5:24). 선한 목자인 왕은 백성들을 생수의 샘으로 인도한다(시 23:2, 사 49:10). 왕이 안식일의 축복을 베풀면, 그 땅은 '물이 끊어지지 아니하는 샘'이 된다(사 58:11). 주님은 왕의 마음의 물줄기를 인도하셔서 메마른 땅에 물이 넘치게 하신다(잠 21:1).

모든 시편과 마찬가지로 시편 72편은 예수님에 관한 시이다. 시편 72편을 통해 우리는 예수님께서 통치자들을 다스리셔서 그들이 예수님께 예물을 바치며, 그 앞에 엎드리게 하시기를 기도한다. 우리는 예수님께서 궁핍한 자들을 구원하시고, 압제자들을 무너뜨려 주시기를 기도하고, 정의로운 사회를 이루어 주시기를 기도한다. 예수님은 무엇보다도 진리를 증거하시는 신실한 증인이 되심을 통해, 그리고 백성을 위한 왕으로서의 자기희생을 통해 왕의 소명을 성취하신다. 십자가는 그분의 왕좌이며, 골고다라고 불리는 산에서 정의가 흘러내린다.

세례는 예수님께서 하늘부터 땅으로 왕의 비를 내리셨음을 알리는 기쁜 소식이며, 세례받은 사람들을 예수님의 사역에 동참시키는 것이다. 예수님은 자신의 몸을 통해 자신의 공의를 세우신다. 왕과 연합한 우리는 왕과 왕비, 새로운 아담과 하와가 된다. 세례를 통해 불협화음을 내던 아담의 자손들은 창조 세계와 조화를 이루기 시작한다. 하늘의 비에 흠뻑 젖은 우리는 세상을 위한 생수가 된다. 교회는 짐승 같은 자들과 불량배들을 쓸어버리는 폭포수이며, 목마른 자들을 소생시키는 부드러운 소나기이자, 긍휼과 겸손으로 베푸는 자비와 정의의 시원한 냉수다. 육신으로 태어난 것은 육신이고, 영으로 태어난 것은 영이다. 말씀으로 태어난 우리는 세상을 향한 하나님의 말씀이며, 물에서 태어난 우리는 물이다.

바울은 정의와 세례의 연관성을 명확히 한다. 세례를 통해 우리는 예수님과 함께 죽고 장사지냄으로써 그분의 부활에 참여한다. **지금도** 우리는 그분의 **몸 안에서** 부활의 삶을 살고 있다. 죄가 더 이상 우리를 지배하지 않기 때문에, 불의(헬라어, *adikia*)에 우리 몸을 바칠 필요가 없다. 세례를 받으면 세례받은 몸의 지체들을 하나님의 정의(헬라어, *dikaiosune*)의 도구로 드릴 수 있게 된다(롬 6:1-14). 세례를 받은 우리의 눈은 선과 악을 분별하며, 우리의 귀는 진리에 귀 기울인다. 우리의 발은 의를 좇으며, 우리의 손은 정의의 무기를 휘두른다. 그리스도의 죽음과 연합하여 죄로부터 의롭다함을 받은 우리는(롬 6:7) 사막 같은 인간 사회를 가로질러 흐르는 정의로운 사회의 시민으로 부르심을 받았다. 우리의 사명은 하나님의 정의를 향해 역사의 물줄기를 바꾸는 것이다.

세례받은 자들의 정의로운 사회에서 약자는 단순히 돌봄을 받는 **대상**이 아니다. 그들은 몸의 다른 지체들처럼 공동의 선을 위한 영적 은사恩賜를 가지고 있기 때문에 특별히 존귀하게 여김을 받는다(고전 12:14-26).[120] 강자라 해서 군림

하지 않는다. 우리는 흔히 권력을 다른 사람을 내 뜻대로 굴복시키는 능력이나 나쁜 행동을 억제하고 억압하는 힘으로 생각한다. 이는 합법적인 권력 행사일 수 있지만, 권력은 근본적으로 권한을 부여하는 것이다. 우리는 **권한을 부여함**으로써 권력을 행사한다. 부모, 고용주, 교회의 리더십, 정치 지도자 등 어떤 영역에서 권력을 행사하든 우리는 들판에 내리는 단비이자, 대지에 물을 주는 소나기다.

우리는 예수님처럼 진리를 증거함으로써 정의를 추구한다. 우리는 우리 자신을 순교자로 내어드림으로써 그분의 십자가 권세와 통치를 함께 누린다.[121] 일상생활은 관대함, 친절, 전도와 같이 복음을 조용히 증거할 수 있는 많은 기회를 제공한다. 고용주가 직원을 학대하거나 회계장부를 조작할 때에 과감하게 항의하고, 회사가 악한 일에 지출하거나 음란을 조장하는 광고 캠페인을 시작할 때에 저항하며, 닥치라는 말을 들었을 때, 예수님의 이름으로 말할 수 있는 많은 기회가 일상생활에서 주어진다. 모든 세례는 보혈에 동참하는 세례다.

왕들은 건축가들이다. 유다 지파의 족장 계급인 장로 브살렐은 성막의 가구를 만드는 장인이었으며(출 31:2-3), 다윗의 아들 솔로몬은 첫 성전을 건축했다. 바울은 자신을 새로운 브살렐, 즉 성령님께서 하나님의 집을 아름답게 꾸미기 위해 준비시키신 '지혜로운 건축자'로 묘사했다(고전 3:5-17). 예수님이 수석 건축가이자 진정한 건축자이시지만, 왕의 직분과 사역을 위해 세례를 받은 우리도 그분과 함께 건축하는 공동 건축자다. 왕으로 기름부음 받는 세례는 사사의 칼일뿐만 아니라 벽돌공의 흙손이기도 하다.

안타깝게도, 교회는 종종 지배욕에 이끌려 고통을 주는 자들의 행위에 가담해 왔다. 그런 시대와 장소에서 우리는 우리가 받은 세례를 져버렸다. 그러나 세례는 우리를 버리지 않는다. 세례는 성령님께서 **우리와 함께 계시며** 우리가 방황할 때에 우리를 다시 돌이키신다는 약속이다.

사울이 죄를 지었을 때, 성령님께서는 그를 버리셨다(삼상 16:14). 그러나 사울의 마음은 꺾이지 않았고, 그 댓가는 여호와의 영을 잃는 것이었다. 다윗도 간음과 살인이라는 잔인하고 불의한 행동을 저질렀다. "주의 영을 내게서 빼앗지 마옵소서"(시 51:11)라는 것은 "나를 사울로 만들지 마옵소서"라는 뜻이다. 다윗은 상한 마음으로 대가를 치르더라도 하나님의 영을 간절히 붙들었다. 상심한 다윗은 울며 금식했으며, 우슬초로 그의 안에 가득한 죄를 씻기를 간구하였다(시 51:7).

세례는 우리를 왕으로 만들어 준다. 세례는 기도, 의로움, 믿음, 말씀의 성령의 검과 같은 영적인 무기를 들고 싸우는 영적인 싸움에 대한 부르심이다. 또한 세례는 지혜와 공의로 다스리며, 숙련된 기술로 건축하도록 우리에게 사명을 맡긴다. 세례는 우리가 죄를 지을 때, "하나님께서 구하시는 제사는 상한 심령이라 하나님이여 상하고 통회하는 마음을 주께서 멸시하지 아니하시리이다"(시 51:17)라는 확신을 준다. 세례는 성령님께서 부서진 마음의 파편들 가운데 임재하심을 약속한다.

항상 성령 안에서 열심으로,
소망 중에 즐거워함으로
당신의 이름을 섬기게 하소서.
그리하여 신실한 모든 이들과 함께
영생의 약속을 상속받기에
합당하게 하시기를
우리 주 예수 그리스도의 이름으로
기도하나이다.

X

선지자의 영

"성령 안에서 열심으로, 소망 중에 즐거워함으로"

베드로는 오순절에 "선지자 요엘을 통하여 말씀하신 것이니"라고 선포했다(행 2:16). 요엘 선지자를 통해서 **무엇을** 말씀하셨는가? 마지막 날에 하나님께서는 이스라엘뿐만 아니라 모든 육체에 그분의 영을 무차별적으로 부어 주실 것이다. 그 결과 "너희의 자녀들은 예언할 것이요 너희의 젊은이들은 환상을 보고 너희의 늙은이들은 꿈을 꾸리라"(행 2:17-18). 성령님이 오시면, 성령님께 사로잡힌 사람들로 선지자 공동체가 이루어지고, 여호와 하나님의 모든 백성이 선지자가 되기를 바랐던 모세의 소원이 성취된다(민 11:29). 성령님께서 우리를 새로운 피조물, 곧 선지자로 세우신다는 사실이 오순절의 기쁜 소식이다.

베드로의 말씀을 들은 청중들은 영광의 주님을 십자가에 못 박은 죄를 씻고, 즐거운 선지자들의 무리에 합류하려면, 어떻게 해야 하는지 물었다. 베드로는 "너희가 회개하여 각각 예수 그리스도의 이름으로 세례를 받고 죄 사함을 얻으라 그리하면 성령의 선물을 받으리니"(행 2:38)라고 대답했다. 세례를 받음으로써 회개하고 거듭나면 예언자의 눈, 꿈꾸는 자 마음, 선지자의 혀를 얻게 될 것이다. 남녀노소, 유대인과 이방인, 종과 자유인 등 세례를 받은 모든 사람은 성령을 선물로 받는다(갈 3:27-28).[122] 초대교회 교부들이 오순절과 부활절을 세례받기에 적합한 시기로 생각했던 것은 당연한 일이다.[123]

환상은 초대교회의 선교의 문을 열었다. 사울은 다메섹 도상에서 환상을 보았고(행 26:19), 아나니아는 사울을 찾으라는 환상을 보았다(행 9:10). 환상이 없었다면, 바울도 없었다. 고넬료는 환상 때문에 베드로를 찾아 나섰고(행 10:3-6), 환상은 베드로가 고넬료를 찾아가게 했으며(행 10:9-17), 그곳에서 그는 이방인의 오순절을 목격하게 되었다(행 10:44-48). 환상이 없었다면, 이방 선교도 없었다. 환상을 본 바울은 에게해를 건너 마게도냐로 갔으며(행 16:9-10), 아가보의 예언은 바울이 예루살렘에서 체포될 것을 경고했다(행 21:11-14).

사도행전이 끝난 후에는 어떤가? 여전히 우리의 자녀들이 **환상을 보고** 노인들이 꿈을 꾸고 있는가? 그렇다면 나 같이 오순절주의자가 아닌 사람들은 겁을 먹고 숨어버리기 쉽다. 그러나 그럴 필요가 없다. 로마제국의 황제 콘스탄티누스 Costantinus(272~337)는 하늘의 환상을 보고 그리스도인들의 하나님을 경배하기 시작했다. 세상이 예전과 달라진 것을 볼 때, 성령님의 역사하심을 부인할 수 있을까? 윌리엄 캐리 William Carey와 허드슨 테일러Hudson Taylor를 일으켜 세우신 것이 성령님이심을 부인할 수 있을까? 철옹성을 무너뜨리고 사슬에 묶인 수백만 명을 자유롭게 한 요한 바오로 2세John Paul II의 예언적 말씀에 힘을 불어넣은 것도 성령님이 아니셨던가? 교회는 항상 선견자, 몽상가, 야성적인 눈빛의 선지자들의 뒤를 따르지 않았던가? 오순절주의와 은사주의 운동에 대해 우리가 뭐라고 말하든, 오순절의 영靈은 여전히 우리와 함께 하신다. 요엘에게 주신 약속은 세례받은 사람들 사이에서 지금도 여전히 살아서 역사하고 있다.

선지자는 언약의 대리인이며, 여호와의 법정 구성원이다.[124] 모세는 구름 속으로 들어가 여호와와 대면하여 대화하였고(민 12:8), 엘리야는 호렙으로 도망가 이스라엘에 대한 고발장을 제출했다(왕상 19:1-18). 미가야는 여호와의 공회에 참석하였고(왕상 22:13–23), 이사야는 스랍들seraphim에게 둘러싸인 채 영광스럽게 즉위하시는 여호와를 보았으며(사 6:1–7), 에스겔은 여호와의 병거에 올랐고(겔 1:1–28), 다니엘은 천사가 전해준 놀라운 환상으로 그의 마음이 가득 채워질 때까지 금식하며 기도했다(단 9:1–23). 여호와는 예언자들의 입술에 불을 붙이시고(사 6:6–7), 뽑고 심고 파괴하고 세우는 말씀을 주신다(렘 1:4–10). 그리고 두루마리(겔 3:1–11, 계 10:1–11)를 먹게 하셔서 먹은 말씀이 살아 있는 말씀이 되게 하신다. 선지자는 여호와의 율법을 받아 백성에게 전달한다. 선지자들은 이스라엘의 사건을 여호와 앞에 아뢰는 특권을 가진다(암 7:1–9). 선지자는 이를 위해 말씀을 선포하고 중보한다(창 20:7).

아합이 이스라엘을 통치하던 때, 선지자들이 주도적인 역할을 맡았다. 엘리야는 새로운 모세로서, 이전의 모세와 마찬가지로 물과 깊은 관련이 있었던 사람이다. 엘리야는 가뭄을 불러 아합의 땅에 저주를 내리고(왕상 17:1), 선지자로서 하늘의 물줄기를 주관했다(약 5:17–18). 아합과 이세벨이 그를 공격하자 모세가 고센에서 미디안으로 도망쳤듯이(출 2:11–15) 엘리야도 도망쳤다(왕상 17:3). 이스라엘과 마찬가지로 엘리야도 광야에서 기적의 떡과 물을 받았다. 모세와 엘리야 모두 물과 관련된 여인(출 2:16–22, 왕상 17:8–16)

을 만난다. 모세는 이드로의 딸들에게 물을 제공받았고, 엘리야는 사르밧 과부에게 물을 달라고 부탁했다.

선지자 엘리야는 다시 돌아와서 더 많은 물의 기적을 행했다. 엘리야와 바알 선지자들의 대결은 불의 대결이었다. 어느 신이 제물에 불을 붙일 수 있겠는가(왕상 18장)? 엘리야는 제단에 네 개의 물동이를 세 번, 즉 열두 번이나 물을 부어 제단을 적시면서 이를 물의 시합으로 바꿔놓았다(왕상 18:34–35). 그리스 정교회의 주현절 기도문에서는 "세 번 물을 부으심으로써 디셉 사람 엘리야 안에서 우리에게 나타나신 삼위일체 하나님"을 부른다.[125] 카파도키아의 교부였던 니사의 그레고리우스Gregory of Nyssa(335~395)는 불과 물의 결합을 '세례의 신성한 의식'으로 보고, "신비로운 물이 있는 곳에 경건하지 않은 자들을 불태우고 신자들을 비추시는 성령님, 곧 불길을 일으키며 따듯하게 타오르는 성령님이 계시다."[126]라고 해석했다.

사역을 마친 엘리야는 다시 그 땅을 떠나고, 엘리사는 끈질기게 따라간다(왕하 2장). 요단강에서 엘리야는 자신의 겉옷을 벗어 강물을 가르고, 두 선지자는 마른 땅을 건넌다. 깨끗하게 씻겨진 제물처럼(레 1:9) 엘리야는 승천을 앞두고 '더 잘 준비된' 상태가 된 것이다.[127] 강을 서쪽에서 동쪽으로 건너면서 두 선지자는 이스라엘이 그 땅으로 들어가는 과정을 거꾸로 재현했고, 나중에 이스라엘이 앗수르와 바벨론으로 유배되는 과정을 미리 보여 주었다. 땅을 더럽힌 이스라엘은 유배지 깊숙히 내려가게 된다.

선지자 엘리사는 엘리야의 영을 두 배로 달라고 요청한다. '두 배'는 엘리사가 아버지 같은 스승인 엘리야에게 기대하는 장자의 상속 분깃이다(신 21:17, 왕하 2:12). 엘리야가 불타는 회오리바람 속으로 올라갈 때, 엘리사는 자신이 구한 엘리야의 영의 상징인 엘리야의 겉옷을 발견하고 얻게 된다(왕하 2:11-14). 엘리사는 스승인 엘리야의 영과 능력으로 충만하여 이스라엘 땅으로 돌아간다. 그는 요단강의 세례를 거꾸로 반복하는데, 이는 그의 기적으로 가득 찬 사역의 예고편이다(왕하 2:14). 엘리사의 세례는 떠남과 동시에 귀환의 이야기다.

엘리야는 선지자 모세이며, 엘리사는 그의 여호수아다. 여호수아가 모세의 능력으로 충만했던 것처럼 엘리사는 엘리야의 영을 이어받았다. 엘리사는 소금으로 악취 나는 물을 정화했다(왕하 2:19-22). 엘리사는 여호와께서 이스라엘의 탈진한 군대에 물을 공급하실 것이라고 예언하였으며(왕하 3:4-20), 그 물로 이스라엘이 승리할 것이라고 선포했다(왕하 3:21-27). 아람 군대의 눈을 멀게 하여 사마리아에서 포로로 삼은 다음, 빵과 물을 주어 은혜롭게 돌려보냈다(왕하

6:8-23). 엘리사는 쇠도끼를 되찾기 위해 요단강에 나뭇가지를 던지기도 했다(왕하 6:1-7).[128] 쇠도끼는 빌린 것이기 때문에 잃어버린 사람은 노예가 되어 빚을 갚아야 했다. 엘리사는 쇠도끼를 되찾음으로써 그를 속박에서 해방시킨다. 가라앉은 쇠도끼는 바다에 던져진 요나나 적에게 휩쓸린 다윗과 같으며, 떠오른 쇠도끼는 해방과 부활을 상징하는 요나의 표적이다.[129]

나병 치료법을 간절히 찾던 아람의 군대 장관 나아만은(왕하 5장) 처음에는 요단강에 몸을 담그라는 엘리사의 명령을 경멸하며 '요단강의 위대한 신비'를 이해하지 못했다.[130] 그러나 결국 그는 창조의 순간을 떠올리며 일곱 번 요단강에 몸을 담궜고, 피부가 갓난아기처럼 매끄러워졌다. 나아만의 세례는 그를 요단강의 모태로 되돌리는 거듭남이었다.

모든 언약과 마찬가지로 새 언약은 요한과 예수(마 21:11, 눅 24:19), 새로운 엘리야, 곧 기적을 행하는 엘리사와 같은 선지자들로부터 시작된다. 이들은 모두 새로운 선지자의 시대를 열었다. 엘리야에서 엘리사로 이어지는 흐름은 예수님에서 제자들로, 그리스도로부터 완전한 그리스도로의 변화가 일어날 것을 예표한다. 예수님은 하늘로 올라가실 때, 선지자의 영을 두 배로 부어주셨다. 오늘날에도 그분은 우리가

그분의 선지자적 사명을 수행할 수 있도록 우리에게 성령의 두루마기를 입혀 주신다.[131]

우리 모두는 다시 태어난 문둥병자 나아만이다. 나무와 물이 우리를 구원할 때까지 우리는 모두 스올을 향해 가라앉는 쇳덩이였다. 우리는 모두 광야의 시냇가로 인도된 엘리야이다. 우리는 모두 예수님의 요단강 세례로 세례를 받아 그분의 영을 받은 엘리사들이다. 예수님의 영으로 세례를 받은 사람들은 선지자 공동체의 일원이 되어, 서로에게 하나님의 말씀을 선포하며 노래하고, 주님의 공의회에 설 수 있는 자격을 얻는다. 교회에 선지자가 설교자만 있는 것은 아니다. 다만, 설교자는 선지자 공동체를 이끌고 훈련한다. 직장, 가정, 동네, 어린이 야구 경기장 등 주님께서 우리를 부르시는 곳이라면 어디든지, 주님은 죽이고 살리는 불의 말씀으로 우리의 입술을 채우신다(삼상 2:6, 렘 1:9-10).

선지자는 자신의 말이 죽음 대신 생명을 불어넣을 수 있도록 하나님의 말씀을 꾸준히 먹어야 한다. 성령을 마시면, 우리의 말은 비처럼 내리고 이슬처럼 맺혀진다(신 32:2). 또한 예언의 영으로 옷 입은 우리는 세상을 위한 중보자가 된다. 신실한 선지자들은 성령으로 충만해야 하고, 충만함을 유지해야 한다. 여러분은 이미 세례를 받았기 때문에 성령님과 함께 걷고 있으며, 이미 성령에 흠뻑 젖어있다. 성령님을 소멸시키거나 슬퍼하게 하지 말자. 그러면 우리도 예언을 하고, 환상을 보며, 꿈꾸게 될 것이다.

아멘.

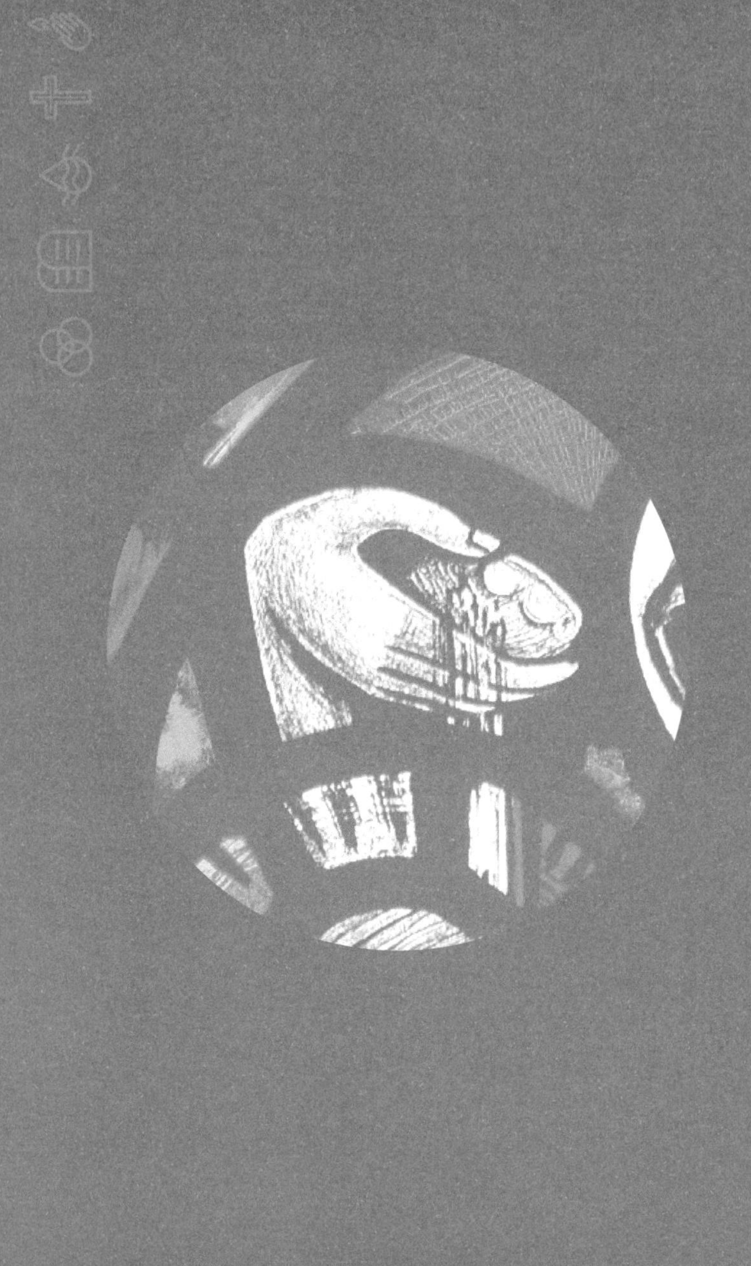

에필로그

세례를 받은 이에게

전도자들은 이름 없는 군중들에게 말씀을 전한다. 성경은 약속으로 가득 차 있지만, 우리에게 직접적으로 해당되는 약속은 없다.

세례는 다르다. 우리가 세례를 받을 때, 성직자는 이렇게 말한다: "사라, 샘, 사딜, 시드라, 사비르. 내가 아버지와 아들과 성령의 이름으로 **너희에게** 세례를 주노라." 하나님께서는 성령 안에서 아버지와 아들의 공동체적 삶으로 우리를 초대하시면서, 우리의 이름을 그분의 이름과 하나로 묶으셨다. 우리는 바로 그런 존재다. 세례는 **우리의 이름**이 새겨진 복음이다.

복음은 새로운 창조에 대한 기쁜 소식이다. 예수님은 부활을 통해 성령 안에서의 삶으로 완전히 들어가셨고, 물과 성령을 통하여 우리를 새로운 피조물의 삶으로 인도하신다. 하나님께서는 세례를 통해 우리의 삶에 복음을 실제적으로 나타내셨다. 우리는 물과 성령으로 거듭났으며, 사망으로부터 옮겨 하나의 성령으로 말미암아 살아서 역사하시는 그리스도의 한 몸의 지체로서 살아가게 되었다. 우리는 가족들과 함께 대홍수로부터 안전한 방주 안에 있다. 우리는 아브라함과 함께 이 세상의 상속자다. 하나님께서는 우리 안에 있는 악한 영들을 물속에 수장시키셨으며, 우상을 부수고, 불의와 싸우며, 모든 거짓 메시아들과 싸울 위대한 여호수아의 군대로 우리를 부르셨다. 우리는 산 제사를 드리기 위해 거룩하게 구별된 제사장이며, 기름 부음을 받아 선지자의 영으로 충만한 왕이다. 우리의 과거는 이제 더 이상 우리를 지배하지 못한다. 세례를 통하여 하나님은 그분의 미래를 우리의 미래로 만드셨다.

세례의 능력은 물이 마른다고 해서 사라지지 않는다. 하나님은 매일 세례를 통해 말씀하신다. 괴롭히는 자들과 귀신들이 돌아올 때, 예수님과 우리 자신이 그분의 것임을 기억하자. 어둠 속으로 숨고 싶을 때, 하나님께서는 "너는 그리스도로 옷 입은 존재다."라고 말씀하신다. 과거에 얽매여 있다고 느낄 때, 하나님께서 샘 앞에서 펼쳐 보이신 미래로 우리를 부르신다. 모욕을 당하거나 억울한 누명을 쓸 때마다 하나님의 선포에 귀를 기울여 보자. “이는 [세례를 받고] 죽은 자가 죄에서 벗어나 의롭다 하심을 얻었음이라”(롬 6:7). 두려움이 엄습해 올 때, 성령님을 의지하면, 성령님께서 우리에게 할 말을 주실 것이다. 폭력적인 무리에게 둘러싸일 때, 우리의 세례가 순교로 완성된다는 사실을 기억하자. 우리의 존재는 우리의 느낌이 아니라 하나님의 말씀이 규정한다. 우리 자신이 세례가 규정하는 바로 그 사람이라는 사실을 기억하자.

무슨 일이 있어도 우리는 아버지의 사랑 안에 있다. 하나님을 믿으라. 변함없이 충성하라. “물처럼 녹아 버리지 말라(수 7:5).” 하나님의 생수에 뛰어들면, 우리도 하나님의 생수가 된다. 물고기처럼 되자. 물속에서 거하며, 마른 땅을 적시는 하나님의 촉촉한 단비가 되고, 악인들에게 쏟아지는 하나님의 홍수가 되자. 물보다 더욱 강력한 것은 없으니, 우리는 하나님의 물이 되자.

감사의 말

나는 30년 전에 목사 안수를 받은 이래로 세례에 대해 글을 쓰고 세례를 집례해 왔다. 내가 그동안 배운 것을 정리할 수 있도록 도전을 준 토드 헤인즈 부대표와 제시 마이어스 대표에게 감사한다. 이 작은 책이 내 기대에는 미치지 못하지만(어떤 책이라도 다 마찬가지일 것이다), Lexham Press의 노력 덕분에 거의 근접한 책이 되었다. 특히 교정과 색인 작업을 도와주신 존 바라크 목사님께 감사를 드린다.

이 책의 초고는 나의 아버지 폴 레이하트Paul Leihart 박사가 98세로 돌아가신 지 1주기가 되는 2020년 5월 29일에 완성되었다. 그분은 이 책의 루터교적인 배경을 높이 평가했을 것이다. 아쉬움이 남는 한 가지는 오랫동안 나의 가장 열렬

한 팬이었던 그분과 함께 이 책에 관하여 대화할 수 없다는 것이다. 그분이 남긴 사랑스러운 추억들과 세례로 그분을 불러주신 삼위일체 하나님 앞에서 그분이 보여주었던 일생에 걸친 아름다운 신앙 여정을 추모하며 그분에게 이 책을 바친다.

옮긴이의 말

기독교 신앙 안에서 세례에 대한 논의는 언제나 뜨겁다. 최근 역자가 속한 교단 안에서도 아동세례를 허용하고 유아세례와 입교 나이를 조정하여 기존에 유아세례와 입교 사이에 존재해왔던 '세례 사각지대'를 해소하는 교단 헌법이 공포되었다. 세례에 대한 논의와 신학적 고민은 다양하지만, 그럼에도 불구하고 목회 현장에서 늘 아쉬운 것은 세례의 깊이감과 무게감이다.

기독교 전통 안에서 세례가 차지하는 영적인 깊이감과 무게감은 다른 어떤 것들과도 비교할 수 없을 정도로 매우 소중한 영적 유산이다. 초대교회 성도들은 최소 3년에서 5년간 세례 교육을 통한 신앙훈련을 받고, 엄격한 문답을 통해 세례를 받아 그리스도인이 되었다. 하지만, 최근 역자의 눈에 비치는 교회들 중에는 세례식을 준비하는 과정이나 예비신자들이 세례를 통해 경험하는 기쁨과 감격이 항존직분자들을 위한 임직식이나 은퇴식에 미치지 못하는 경우가 많아 보인다. 만일 세례가 그저 교회의 멤버십이 되는 형식적인 절차로 그친다면, 구약의 할례와 다를 것이 무엇인가?

구약의 할례는 신앙 교육이나 세례 문답을 필요로 하지 않는다. 심지어 신앙고백도 필요 없다. 유대인들은 혈통에 따라 태어날 때부터 선택받은 백성이기 때문에 언약에 따라 할례를 받기만 하면 되기 때문이다. 그러나 신약의 세례는 다르다. 철저히 자기를 부인하는 회개와 거듭남을 전제로 한다. 세례는 단순히 육신에 행하는 종교적 행위가 아니라 마음에 행하는 전인격적인 사건이다. 삼위일체 하나님께 대한 철저한 신앙고백을 통하여 죄인인 나는 죽고, 그리스도 안에서 새로운 피조물로 다시 사는 일이다.

피터 레이하트는 이런 세례의 깊이감과 무게감을 온전히 회복할 수 있도록, 구약성경에 내재되어 있는 세례의 예표들을 하나하나 나열하며 세례에 담긴 참된 의미와 영적인 신비를 설명해 낸다. 노아의 홍수 사건, 출애굽 당시 홍해를 건넜던 사건, 여호수아가 이스라엘 백성들을 이끌고 요단강을 건넌 사건 등을 통하여 죽음으로서의 세례와 생명으로서의 세례의 의미를 깊이 있게 전달한다. 뿐만아니라, 저자는 세례를 구약의 기름 부으심과 연결하여 "죽음으로부터 자유를 얻는 세례를 넘어 자유를 주는 생명의 전달자"로서의 사명을 감당하는 자리로 우리를 초청한다. 어쩌면 이것이 우리가 이 책을 읽어야 할 가장 큰 이유다.

세례는 개인적인 차원으로 끝나는 것이 아니다. 신앙공동체에 영적인 활력을 불어 넣으며, 세상에 생명수를 흘려보내는 은혜의 근원이다. 바라기는 피터 레이하트의 『세례』를 통하여 한국교회의 영적인 활력이 되살아나고, 거룩하고 선한 영향력을 회복하게 하는 "벤 풀 위에 내리는 비 같은, 마른 땅을 적시는 소낙비 같은 생명수"가 되길 간절히 소망한다.

『크리스천 에센셜』 시리즈가 네번째 책인 『세례』에 이르기까지 그동안 단 한 권도 피땀 흘린 수고와 헌신 없이 출간된 적이 없다. 수고하신 많은 분 중에서 특별히 솔라피데출판사의 이원우 대표님이 가장 먼저 떠오른다. 한국교회와 다음 세대를 사랑하는 애틋한 마음이 전달되어 출간되는 모든 과정에 용기와 영감을 불어 넣어주셨다. 또한, 번역의 부족함을 메우고 풍부함을 더해준 이상영 형제의 세심한 배려에 이번에도 깊은 감사의 마음을 전한다.

이번『세례』를 번역하면서, 가장 많이 떠오른 분들이 있다. 존경하는 나의 아버지 김대식 집사님과 사랑하는 나의 어머니 김은미 집사님이다. 어린 시절, 나는 두 분의 품에 의지하여 유아세례를 받았고, 이 분들의 손에 이끌려 성도의 삶을 배웠다. 이 분들의 아름다운 신앙고백과 흘려 보내주신 영적인 생명수가 오늘의 나를 이끌어냈다. 끝으로 이 모든 과정을 인도하신 하나님께 가장 큰 감사를 올려 드린다. 이 책에 담긴 하나님의 마음과 계획이 아름답게 성취되길 진심으로 기원한다.

미주

1. 1982년 에큐메니칼 성명에 담긴 '세례, 성찬, 그리고 사역'(제네바: 세계교회협의회)은 '폭넓은 합의'(vii)를 표방하지만, 그 합의는 세계 교회의 상당 부분을 배제하고 있다.
2. J. D. C. 피셔, *Christian Initiation: The Reformation Period* (London: SPCK, 1970), 11. 참조: 마르틴 루터, "The Order of Baptism Newly Revised"(1526), LW 53:107–8.
3. 니샤의 그레고리우스의 기도가 가장 근접한 비교대상이다. "주님, 주님은 참으로 순수하고 영원한 선의 원천이시며, 공의로 인하여 우리를 외면하셨으나, 다시 사랑과 친절로 인하여 자비를 베푸셨나이다. 미워하셨으나 다시 화해하셨고, 저주하셨으나 축복하셨으며, 낙원에서 추방하셨으나 다시 불러내셨습니다. 보기 흉한 무화과나무 잎을 벗겨 값비싼 가죽옷으로 갈아입히셨으며, 감옥을 열어 사형수를 풀어 주시고, 깨끗한 물을 뿌려 주시고 더러움에서 깨끗이 씻어 주셨으니, 주님은 우리를 사랑하시는 분이십니다. 아담은 더 이상 당신께서 부르실 때, 당황하지 않을 것이며, 양심에 따라 유죄 판결을 받더라도 낙원의 덤불 속에 몸을 숨기지 않을 것입니다. 또한 낙원을 둘러싼 불타는 검이 가까이 다가오는 이들이 들어오지 못하게 하지도 않을 것입니다. 죄의 상속자였던 우리의

모든 것이 기쁨으로 바뀌었습니다: 낙원, 그렇습니다. 말 그대로, 천국이 사람들에게 짓밟히게 될지도 모릅니다. 그러나 한때 서로 불화했던 세상과 세상의 모든 피조물이 우정으로 서로 화목하게 되었으며, 사람들도 천사들과 함께 그들의 찬송을 하나님께 올려 드리게 되었습니다. 이 모든 것으로 인하여 [그리스도의 신부된 우리는] 하나님께 기쁨의 찬송을 돌립니다 … 이제도 계시고, 전에도 계셨고, 장차 오실 그리스도, 영원토록 복되신이여. 아멘."(토마스 핀, *Early Christian Baptism and the Catechumenate: West and East Syria* [Collegeville, MN: Liturgical Press, 1991], 82). 3세기 카르타고의 주교 키프리아누스는 많은 저술가들이 함축적으로 표현하는 바를 명시적으로 말한다: all water evokes baptism(*Epistle* 63.8.1).

4. 나는 *The Baptized Body*(Moscow, ID: Canon Press, 2007)의 3장 "The Body of Christ Is the Body of Christ."에서 이 점을 더 자세히 설명했다.
5. 인용문 외에는 대부분 '성사(sacrament)'라는 용어를 피하고자 한다. 첫째, 일부 기독교인들은 이 용어를 비성경적이라는 이유로 거부하며, 엄밀히 말하자면 그렇기도 하다. 나는 이 용어를 거부하지는 않으나, 내 표현 때문에 다른 사람이 실족하지 않기를 바란다. 둘째, 이 단어는 다양한 의미를 가지고 있다. 기독교 의식들 중 일부만을 좁게 지칭할 수도 있고, 하나의 고유한 개념을 지칭할 수도 있다. 이렇게 다양한 의미를 나열하여 지면을 채우기보다는 아예 이 용어를 사용하지 않기로 했다.
6. *Answer to Faustus 19*. 중세 신학자 토마스 아퀴나스는 아우구스티누스의 말을 인용하여 성례의 필요성을 설명한다(Summa Theologiae 3.61.1). 토마스에게 성례는 교회가 필요로하기 때문에 필요한 것이다. 아우구스티누스는 '굳어지다'라는 동사 코아귤라레(coagulare)를 사용한다.
7. 교회 역사상 모든 교부가 이에 동의한다. 예를 들어, 중세 시대에 교회는 '소망의 세례'라는 개념을 발전시켰다. 이는 세례를 원하지만, 세례를 받을 수 없는 경우 세례 없이도 세례의 혜택을 누릴 수

있음을 의미한다.

8. 이레나이우스, *Against the Heresies* 1.8.1.
9. 기독교 교사들은 종종 이스라엘의 할례와 기독교의 세례를 비교하거나 대조한다. 토마스 아퀴나스에 따르면 할례는 피부의 일부를 제거하는 것이지만, 세례는 부도덕, 불순함, 우상 숭배, 다툼, 분노, 시기심 등을 일으키는 육체를 제거하는 것이라고 말한다. 할례는 이스라엘만을 위한 것이었지만, 세례는 모든 민족을 위한 것이다. 세례는 '구원의 완성'을 포함하고 있기 때문에 보편적이며, 할례는 유대인들의 메시아를 통해 이루어질 성취를 예표한 것이다. 할례도 은혜를 주지만, 세례와 같은 은혜는 아니다. 할례가 장차 올 고난의 그림자라면, 세례의 우월한 능력은 그리스도께서 고난을 끝내심에서 나온다(*Summa Theologiae* 3.70.1-4).
10. 쟝 다니엘루, *The Bible and the Liturgy*(South Bend, IN: University of Notre Dame Press, 1956). 중세 스콜라 학자들은 더 이성적임에도 '새 율법의 성례'를 다루기 전에 '옛 율법의 성례'에 대하여 논의했다. 개신교도 옛 언약과 새 언약의 범주를 사용하여 비슷한 방법을 따른다.
11. 아우구스티누스, *Answer to Faustus* 19.16. 참조, "Conjugating the Rites: Old and New in Augustine's Theory of Signs," *Calvin Theological Journal* 34 (1999): 136-47.
12. 로버트 콜브, *Making Disciples, Baptizing: God's Gift of New Life and Christian Witness*(St Louis: Concordia Seminary, 1997), 13. 마르틴 루터는 할례를 '언약'이라 부르기도 하였으며, 세례는 "새 언약"으로 볼 수있다고 결론을 내렸다. 할례는 "아브라함에게 맡겨진 표징 또는 언약(signum seu pactum)"이었다. (인용, 조나단 D. 트리그, *Baptism in the Theology of Martin Luthe* [Leiden: Brill, 1994], 39).
13. 니샤의 그레고리우스, *On the Baptism of Christ*. 4세기의 주교 옵타투스는 *Against the Donatists* (5)에서 세례는 하나님께서 친히 주시는 것이기에 다시 반복될 수 없다고 주장했다. 5세기 콘스탄티노플의 주교 요하네스 크리소스토무스 또한 세례는 삼위

일체 하나님께 전부의 역사하심이라 말한다(*Baptismal Homilies* 2.26). 많은 저술가의 기록이 동일하다.

14. 이에 대한 전문 용어는 '수행된 행위'에 의해 효력이 나타난다는 사효론(ex opera operato)이지만, 나는 이 용어를 특별한 의미로 사용하고 있다. 대부분의 개신교인들은 세례의 효력이 교회의 정확한 절차에 따른 예식에서 나타난다는 개념을 인정하지 않으며, 세례를 받았다고 해서 자동으로 구원을 받는 것이 아니라 반드시 믿음으로 예수님을 영접해야 한다고 주장한다. 하지만 역사적으로 이 용어는 다른 역사적 배경을 가지고 있다. 아우구스티누스에게 있어서 사효론은 "세례의 유효성은 세례를 베푸는 목사의 도덕적 인격에 달려 있지 않다(*On Baptism, Against the Donatists*)."라는 반도나투스파의 견해를 모토로 하는 것이다. 대부분의 개신교인들은 이 점에서 아우구스티누스의 의견에 동의한다. 대부분의 사람들이 다른 측면에서도 사효론을 인정한다. 마르틴 루터는 이 표현을 거부하지만, 트리그는 루터가 자주 세례의 효과가 '자동적'인 것처럼 썼다고 지적했으며(Trigg, *Baptism in the Theology of Martin Luther*, 77), 그래서 개신교 개혁주의자들은 세례 의식이 우리를 '가시적 교회'의 일원으로 만든다고 믿는다. 참조, *Priesthood of the Plebs: A Theology of Baptism* (Eugene, OR: Wipf & Stock, 2003), 158-60.
15. *Institutes* 4.17.10.
16. 하인리히 불링거는 이 점을 강력하게 지적한다: "우리는 성례가 거룩하고 불경스럽지 아니하며, 효력이 있고 무력하지 아니하며, 위로부터 주어지고 비천하지 아니하며, 그러므로 공허하거나 빈 것이 아니라 충만한 것임을 공개적으로 고백합니다"(*Decades, Fifth Decade*, Sermon 8). 불링거에 따르면, 하나님께서는 경건한 사람들을 위하여 성례를 제정하셨고, 경건한 사람들에게는 성례가 유효하다.
17. *Heidelberg Catechism*, Lord's Day 25, q. 66; *Westminster Confession of Faith* 27.1. 17 하이델베르크 요리문답, 주일의 날 25, 66문답; 웨스트민스터 신앙고백 27.1. 이 용어는 고대 용어

로, 시리아의 에프렘은 세례의 기름 부음과 성령을 관직자의 인장 반지(찬송가 7.6)에 비유한다. 세례는 때때로 인장이며, 때로는 성령이 우리 영혼을 인치시는 수단이다(고후 1:22, 엡 1:13, 4:30). 참조, Jerusalem, *Mystagogical Lectures* 16.24. 쟝 다니엘루, *The Bible and the Liturgy*, ch. 3.

18. 나지안주스의 그레고리우스은 "인침을 받은 양은 쉽게 올무에 걸리지 않지만, 표식이 없는 양은 도둑의 먹이가 되기 쉽다."라고 썼다(*Oration 40, on Baptism* 15).
19. 밀라노의 암브로스: "노예에게는 주인의 표식이 있다."(인용, 쟝 다니엘루, *Bible and Liturgy*, 59).
20. 나지안주스의 그레고리우스는 새로 세례를 받은 사람은 "운동선수들 사이에서 방금 자리를 얻었지만, 아직 견실한 사람으로서 자신의 가치를 증명하지 못한 젊은 군인과 같다."(인용, 쟝 다니엘루, *Bible and Liturgy*, 58).
21. 일부 교회는 세례의 의미에 맞게 시기를 부활절에 맞추어 세례를 베풀기도 한다. 4세기 이전에는 부활절 세례가 일반적이지 않았으며, 모든 곳에서 부활절에 세례를 베푸는 것도 아니었다. 참조, 로빈 M. 젠슨, *Baptismal Imagery in Early Christianity: Ritual, Visual, and Theological Dimensions*(Grand Rapids: Baker, 2012), 172-75. 지역적인 종교의식의 보편화에 대한 일반적인 주의사항에 대한 참조, 폴 브래드쇼, *In Search for the Origins of Christian Worship: Sources and Methods for the Study of Early Liturgy*(Oxford: Oxford University Press, 2002).
22. 테르툴리아누스는(*On Baptism* 2) 하나님의 영의 안식처이며, 당시 다른 어떤 것들 보다도 그분을 기쁘게 했던 '물의 태고성'을 존중할 것을 촉구했다. 그는 "세상을 유지하는 하나님의 질서는 물이 경계를 이루는 것과 같은 방식으로 이루어졌다."라고 덧붙였다. 참조, Teaching of Gregory, 412.
23. 테르툴리아누스, *On Baptism* 3.
24. 테르툴리아누스, *On Baptism* 2.

25. 암브로스, 성사 3.3. 그래서 테르툴리아누스는 이렇게 말했다(*On Baptism*, 1): "예수 그리스도께서 우리의 큰 물고기이신 것처럼 작은 물고기인 우리는 물속에서 삶을 시작하며, 물속에 거하는 동안에만 안전하고 건강합니다." 초기 기독교인들에게 물고기를 뜻하는 그리스어 익투스는 "예수 그리스도, 하나님의 아들, 구세주"를 뜻하는 "이에소스 크리스토스, 테우 우이오스 소테르"의 약어였다. "물고기를 본받으라"는 말은 "예수님을 따르라"는 뜻이다.
26. 마사루 에모토, *Secret Life of Water*(New York: ATRIA Books, 2011).
27. 테르툴리아누스, *On Baptism* 9.
28. 알릭 바르톨로메오, *The Spiritual Life of Water*(Rochester, VT: Park Street Press, 2010), 24.
29. 나르사이, *Homilies*, 370. 몹수에시아의 테오드르에게, 죄인은 굳어진 질그릇에 물을 적셔 다시 빚어야 하는 것과 같은 존재다(Baptismal Homilies 3.13).
30. 바르톨로메오, *Spiritual Life of Water*, 102 – 3.
31. 마사루 에모토, *The Hidden Messages of Water*(New York: ATRIA Books, 2005).
32. 솔로몬은 새 언약을 기대하며 해상 무역 사업을 후원했다(왕상 9:26; 10:22). 여호사밧은 그를 본받으려 하였으나 실패했다(왕상 22:48).
33. 노아는 구약의 대표적인 예외적 인물이다.
34. 오늘날에도 넓은 바다는 길들여지지 않았다. 참조, 윌리엄 랑게비쉬, *The Outlaw Sea: A World of Freedom, Chaos, and Crime*(New York: North Point Press, 2004).
35. 참조, 칼 비트포겔, Controversial thesis about hydraulic societies in *Oriental Despotism: A Comparative Study of Total Power*(New Haven: Yale, 1957).
36. 니사의 그레고리우스의 말대로, 세례는 죄로 인하여 불화했던 세상을 하나로 묶어 "세상과 세상의 모든 피조물들이 우정으로 서

로 화목하게 되었으며, 사람들도 천사들과 함께 그들의 찬송을 하나님께 올려드리게 되었습니다."(*On the Baptism of Christ*).

37. 시릴, *Mystagogical Lectures* 1.9; see also Odes of Solomon 11.
38. 이 이미지는 사데의 멜리토가 『*세례에 관하여*』 단편 B에서 예수의 세례를 매일 태양의 '목욕'에 비유한 데서 유래했다.
39. 테르툴리아누스, *On Baptism* 5.
40. "세례를 통한 거듭남"은 범 교회적 표현이다. 참조, 시릴, *Mystagogical Lectures* 3.5; 암브로스, *Sacraments* 3.2-3; 몹수에시아의 테오도르, *Baptismal Homilies* 3.3; 아우구스티누스, *Enchiridion* 8.42. *The font is a womb*(에프렘, Hymn 7.8; 나르사이, *Homilies* 295; 테오도르, *Baptismal Homilies* 3.9), 세례는 세례자를 거듭남으로 인도한다(노바티안, *Trinity* 29.16). 제노(*Invitations* 1, 3, 7)는 이 비유를 확장하여 신생아가 어머니의 젖을 마시는 것과 같이 하도록 격려한다. 초기 기독교 작품에서 새롭게 세례를 받은 이들은 자주 동정녀 곧 모교회의 품에 안긴 벌거벗은 아기처럼 묘사 된다(젠슨, *Baptismal Imagery*, 56). 루터도 '중생'(트리그, *Baptism in the Theology of Martin Luther*, 77)을 주장했으며, 놀랍게도 장 칼뱅의 스승인 마르틴 부처도 '중생'을 주장했다(참조, Bucer's post-baptismal prayer in Hughes Oliphant Old, *The Shaping of the Reformed Baptismal Rite in the Sixteenth Century*[Grand Rapids: Eerdmans, 1992]). 공동 기도문과 가톨릭 세례 예식서 모두 세례의 '거듭남'에 대하여 이야기를 한다.
41. 테르툴리아누스, *On Baptism* 8.
42. 요하네스 크리스소스톰은 이러한 세부 사항들을 복음의 유형으로 보았다: "방주는 교회, 노아는 그리스도, 비둘기는 성령, 감람나무 가지는 신성한 은총을 의미한다. 바다 한가운데서 방주가 방주 안에 있던 사람들을 보호했듯이 교회는 구조된 사람들을 구원한다. 방주는 보호만 하지만 교회는 그 이상을 한다 … 교회는 표식이 없는 사람들을 받아들여 단순히 보호만 하는 것이 아니라 그들을 변화시킨다"(홈. Laz. 6; 인용, 다니엘루, 『*성*

서와 전례』, 84).
43. 마르틴 루터, *Small Catechism*.
44. 이 문구는 크리소스토무스에게서 유래되었다.
45. '방주'는 홍수 이야기에서 26번 등장하는데, 26은 여호와의 숫자 값이다. 여호와는 노아의 방주이시다.
46. 참조, 저스틴 (*Dialogue with Trypho* 138.2): "나무에는 십자가의 신비가 담겨 있다. 심지어 노아와 그의 가족들 또한 물 위를 지날 때, 나무에 의해 구원을 받았다."
47. 예루살렘의 시릴은 예수님을 이렇게 고백했다. "진정한 노아가 되시며, 거듭남의 창조자이신 분."(*Mystagogical Lectures* 17.10).
48. 키프리안(*Epistle* 75)에 따르면, 베드로전서는 "노아의 방주가 하나인 것은 하나의 교회를 나타낸다."라고 주장한다. 소경 디디무스(On Baptism 2)는 방주가 "경외심을 불러 일으키는 교회의 상징"이라는데 동의 했다 (quoted in *Danielou, Bible and Liturgy*, 83).
49. 성경은 때때로 바다를 죽은 자의 거처로 묘사한다 (예시, 욘 2:1-10).
50. 인용, 루터, *Make Disciples, Baptizing*, 86.
51. 콜브, *Make Disciples, Baptizing*, 70.
52. 이 제사를 지칭하는 히브리어 '올라'는 '올라가다'라는 동사 '알라'에서 유래했다. '올라간 제물'은 '온전한 번제'보다 더 정확한 번역이다. 참조, L. Michael Morales, *Who Shall Ascend to the Mountain of the Lord? A Biblical Theology of the Book of Leviticus*(다우너스 그로브, IL: IVP, 2016), 135; 제임스 B. 조던, *The Whole Burnt Sacrifice: Its Liturgy and Meaning*(니스빌, FL: Biblical Horizons, 1991).
53. 여기에는 세례에서 성찬에 이르는 예식의 순서에 대한 힌트가 들어 있다.
54. 저스틴, *Dialogue with Trypho* 138.2. Asterius draws the same comparison("Sermon on Psalm 6," 인용, 다니엘루,

Bible and Liturgy, 80). 고대 세례식을 위한 예배당은 세례의 8가지 요소를 나타내기 위해 팔각형인 경우가 많았다. 참조, 젠슨, *Baptismal Imagery*, 204-9; Garry Wills, *Font of Life: Ambrose, Augustine, and the Mystery of Baptism*(Oxford: Oxford University Press, 2012), 3-14.

55. 니샤의 그레고리우스(*On the Baptism* of Christ), 암브로스 (*On the Sacraments* 1.10), 테르툴리아누스 (*On Baptism* 2)은 세례의 단순함을 얕보는 것에 대하여 경고한다.
56. *Shepherd of Hermas* 11.1.
57. 이 패턴은 유다 이후 10번째 세대에 다윗이 태어나는 룻기 말미에서도 반복 된다(룻 4:18-22).
58. 참조, N. T. 라이트, *The Climax of the Covenant: Christ and the Law in Pauline Theology*(Minneapolis: Fortress Press, 1991), 21-23.
59. 이것은 매우 전통적인 견해다. 유대인에 대한 바울의 경고는 "그리스도를 믿는 믿음과 세례를 통해 마음의 할례를 받아 참 유대인이 된" 그리스도인에게도 적용될 수 있다(오리게네스, *Commentary on the Epistle to the Romans*, on 2:11). 참조, 나지안주스의 그레고리우스, *Oration 40, on Baptism* 28. 장 칼뱅은 "유대인들에게 할례가 하나님의 백성과 가족으로 입양되었음을 보증하는 표식이었던 것처럼, 교회에 첫걸음을 내딛는 것 … 이제 세례로 시작하여 그분의 백성의 일원이 되며, 동시에 그분의 이름을 덧입게 되는 것이다."라고 말했다(*Institutes* 4.16.4). 그는 골로새서(골 2:11-12)를 인용하여 "세례는 이전에 유대인들에게 할례가 그러했던 것 처럼 그리스도인에게도 동일한 것"임을 주장했다(*Institutes* 4.16.11).
60. 아마세아의 아스테리우스는 그리스도인에게 할례는 "그리스도의 할례인 세례로 자녀들을 인치라고 가르친다."라고 말한다("*Homily on Psalm* 6," 인용, 다니엘루, *Bible and Liturgy* [South Bend, IN: University of Notre Dame Press, 1956], 64-65). 아우구스티누스은 할례에 대하여 언급하지는 않지만

노소를 불문하고 누구도 세례를 받지 못하게 해서는 안 된다고 말한다(*Enchiridion* 8.43). 장 칼뱅은 "언약이 변함없이 확고하다면, 구약의 유대인 자녀들에게만 적용되는 것이 아니라, 오늘날 그리스도인의 자녀들에게도 적용될 수 있다."라고 주장했다. "이제 그들도 계시된 것에 참여한다면 어떻게 그 계시를 부인할 수 있는가? 그들이 실상을 얻는다면 어떻게 그 형상을 거부할 수 있겠는가?"(*Institutes* 4.16.5).

유아세례의 역사에 대한 최근의 논의에 대해서는 다음을 참조하라. 에버렛 퍼거슨, *Baptism in the Early Church: History, Theology, and Liturgy in the First Five Centuries*(그랜드 래피즈: Eerdmans, 2009), ch. 23; David F. Wright, *Infant Baptism in Historical Perspective*(유진, OR: Wipf & Stock, 2007). 나는 유아세례가 사도 시대에도 시행되었다고 확신하지만, 세례 예식은 더 나이가 많은 세례 지원자들을 위해 만들어졌다. 참조, "Infant Baptism in History: An Unfinished Tragi-comedy," in *The Case for Covenantal Infant Baptism*, ed. 그레그 스트로브리지(Phillipsburg, NJ: P&R Publishing, 2003), 246-62.

61. 초대교회는 자신들을 유대인, 헬라인, 로마인과 함께 '제3의 인종'으로 인식하고 있었다. 마테오의 *디오그네투스 서신*(1)은 헬라인과 유대인을 "이 새로운 집단(제노스)과 그들의 관습"을 대조한다. 아리스티테스는 그의 *변증서*(2)에서 야만인, 헬라인, 유대인, 기독교인 등 서너 부류의 사람들을 열거한다. 참조, 주디스 리우, Neither *Jew nor Greek? Constructing Early Christianity* (London: Bloomsbury, 2015), 70-73.
62. N. T. 라이트, *Colossians and Philemon*(Downers Grove, IL: InterVarsity Press, 2008), 109-11.
63. 마가복음 10장 38-39절에 따라 테르툴리아누스는 예수님의 죽음을 피의 세례라고 부른다(*On Baptism* 6).
64. 교부들은 옷을 벗는 것을 아담이 동물 가죽을 벗는 것에 빗대어 설명한다(창 3:20). 세례는 적나라한 벌거벗음, 곧 원초적 순결

로 돌아가는 것이다. 어떤 이들은 세례를 받는 이들에게 예수님이 십자가에서 벌거벗으셨음을 상기시킨다(참조, 니샤의 그레고리우스, *On the Baptism of Christ*; *Cyril, Mystagogical Lectures* 2.2).

65. 테르툴리아누스, On Baptism 9; Cyril of Jerusalem, *Mystagogical Lectures* 1.2–3.
66. 참조, 피터 사보, "Drawing Out Moses: Water as a Personal Motif of the Biblical Character," in *Thinking of Water in the Early Second Temple Period*, ed. Ehud Ben Zvi and Christoph Levin (Berlin: Walter de Gruyter, 2014), 410–36.
67. 노아의 '방주'를 뜻하는 히브리어는 *테바*이며, 홍수 이야기 외에 나일강에서 발견된 아기 모세가 들어 있던 바구니와 관련된 표현으로만 사용되었다(출 2:2–3). 모세는 인류의 26번째 세대에 살았으며, 26은 이스라엘의 하나님의 이름인 여호와의 숫자 값이다. 참조 note 45.
68. 사보는 '모세'가 수동형이 아니라 능동형이며, "그가 건져냄을 받았다."라는 것이 아니라 "그가 건져내 졌다."라는 의미라고 주장했다("Drawing Out Moses," 416). '모세' 이야기는 그의 탄생으로 거슬러 올라가기보다 출애굽을 더 고대한다.
69. 니샤의 그레고리우스는 모세의 시대를 언급하지 않으면서도 모세가 나일강에서 구출된 것을 세례로 간주한다 (On the Baptism of Christ).
70. 히브리어 *차사크*는 일반적으로 '굳히다'로 번역되지만, '강화하다'가 더 일반적인 의미다. 여호와는 바로에게 저항을 강요하는 것이 아니라, 바로 자신이 무적이라고 생각하도록 바로의 마음을 강화시키고 고양시키신다. 참조, 데이비드 포어만, *The Exodus You Almost Passed Over*(New York: Aleph Beta Press, 2016).
71. 테르툴리아누스, *On Baptism* 9. 어떤 이들은 스스로 선택하지 않은 자연적인 출생과 세례라는 의지적인 두 번째 출생을 대조시킨다. 세례는 필연에서 선택으로 나아가는 과정이다. 참조, 저스

틴, *First Apology* 61; 테오도투스, *Excepta* 78.

72. 예루살렘의 시릴, *Catechetical Lectures* 19.3; 교부 오리게네스도 동의한다, *Homilies on Exodus* 5.5.
73. 바실, *On the Holy Spirit* 14.
74. 참조, H. A. 켈리, *The Devil at Baptism: Ritual, Theology, and Drama*(유진, OR: Wipf & Stock, 2004). 참조, 예루살렘의 시릴, *Mystagogical Lectures* 1.6–7; 요하네스 크리소스토무스, *Baptismal Homilies* 2.23; 키프리안, Epistle 68. 몹수에스티아의 테오도르에게 타락한 천사들은 신자들을 괴롭히는 이단자들이다 (*Baptismal Homilies* 2.8). 엑소시즘은 중세 서양 입교 의식의 일부였다(휴, *On the Sacraments*, 298; *14세기 Metz Pontifical 참조*, 발췌, 피터 크레이머, "Baptismal Practice in Germany," in Medieval *Religion in Practice*, ed. Miri Rubin[Princeton: Princeton University Press, 2009], 7–8). 엑소시즘과 내려놓음은 현대 세례 예식에도 남아있다.
75. 인용, 다니엘루, *Bible and Liturgy*, 94.
76. 알렉산더 슈메만, *Of Water and the Spirit*(Crestwood, NY: St. Vladimir's Seminary Press, 1997), 29–30.
77. 초기 기독교 작가 테오도투스는 예수님이 세례 후, '고뇌'하셨다고 강조한다 (*Excerpta* 85).
78. 에프렘은 마라에서 일어난 사건을 세례의 한 유형으로 보았고 (*Hymn for Epiphany* 4), 테르툴리아누스는 나무를 생명을 주는 십자가의 한 형태로 보았다(*On Baptism* 9).
79. 성령은 구름의 형체로 임재하신다. 오리게네스는 바울이 출애굽기를 유형론적으로 읽은 것을 예수님의 말씀을 다시 반복한 것에 불과하다고 말한다. "사람이 물과 성령으로 거듭나지 않으면 하늘나라에 들어갈 수 없다"(오리게네스, *Homilies on Exodus* 5.1). 암브로스는 구름과 성령의 연관성을 자세히 설명했다. "백성들이 바다 가운데를 지날 때, 빛나는 불 기둥이 앞서고 구름 기둥이 성령의 그림자 처럼 뒤따랐다. 그것은 그가 물과 성령으로 세례를 베푸실 때의 모습과 같은 것이다" (*On the Sacraments*

1.22). 빛으로서의 구름은 세례의 빛으로서의 능력을 가리킨다. "주 예수 그리스도께서 불신앙의 그림자를 몰아내시고 진리와 은총의 빛을 인간의 내면에 불어넣으신 것 외에 무엇이 불 기둥이라 할 수 있겠는가?" (*On the Sacraments* 1.22).

80. 참조, 라이트, "New Exodus, New Inheritance: The Narrative Substructure of Romans 3–8," *in Romans and the People of God: Essays in Honor of 고든 D. 피 on the Occasion of His 65th Birthday*, eds. S. Soderlund and N. T. 라이트 (Grand Rapids: Eerdmans, 1999), 26–35.

81. 모든 주요 영어 번역본은 여기에서 *타이포이*를 '예'로 번역한다.

82. 로버트 콜브, *Make Disciples, Baptizing*, 57. 콜브는 사도행전 2장의 베드로의 권면을 해석한다.

83. 루터, Sermon on May 29, 1528, WA 30, 1:22.1. 참조, *Disputation on the Power and Efficacy of Indulgences*(1517), LW 31:25.

84. 참조 매튜 W. 베이츠, Salvation by *Allegiance Alone: Rethinking Faith, Works, and the Gospel of Jesus the King*(Grand Rapids: Baker, 2017). 사크라멘툼은 원래 '충성 서약' 또는 '충성 맹세'를 의미했다. 참조, 젠슨, *Baptismal Imagery*, 66.

85. 아우구스티누스은 불의한 청지기를 인용하여 무자비한 그리스도인들에게 어떤 일이 얼어나는지 설명한다(*On Baptism* 12.19).

86. 예루살렘의 시릴, *Mystagogical Lectures* 1.8. 오리게네스는 어떤 이들은 세례를 져버린다고 경고한다(*Homilies on Joshua* 4.2).

87. 테오도르는 세례를 받는 사람이 "하나님 곁에 굳건이 서서 흔들림 없이", "어떤 경우에도 하나님을 버리지 않을 것"을 서약한다고 말했다(*Baptismal Homilies* 2.13). 세례 시 '계약'에 대한 크리소스토무스의 글을 참조하라(*Baptismal Homilies* 2.17).

88. 이 부분에 대한 더 발전된 논의는 나의 저서를 참조하라. *Elements of the World: Atonement, Justification, Mission*

(Downers Grove: IVP Academic, 2016), 94-97.

89. 유아의 성찬식 참여를 찬성하는 입장을 가장 체계적으로 정리한 책들을 소개한다. 팀 갤런트, *Feed My Lambs: Why the Lord's Table Should Be Restored to Covenant Children*(Grande Prairie, Alberta: Pactum Reformanda, 2002). 정교회에서는 유아가 세례를 받은 직후에 성찬을 받는다. 일부 성공회와 장로교회에서는 유아 또는 어린이의 성찬을 시행한다.
90. 참조, 리차드 백, *Unclean: Meditations on Purity, Hospitality, and Morality*(Cambridge, UK: Lutterworth Press, 2012).
91. 요한 바오로 2세, *Man and Woman He Created Them: A Theology of the Body*(Boston: Pauline Books, 2006), 12.2.
92. 예루살렘의 시릴, *Mystagogical Lectures* 2.2.
93. 참조, 에프렘, Hymn 7.5-6. 참조, 테르툴리아누스, *On Baptism* 7; 예루살렘의 시릴, *Mystagogical Lectures* 3.6; 암브로스, *On the Sacraments* 1. 2. 참조, 나의 저서 *Priesthood of the Plebs: A Theology of Baptism*(유진, OR: Wipf & Stock, 2003), '레위와의 언약'에 대한 기이하지만 흥미로운 논의를 참고하라. 더글라스 반 도른, *Waters of Creation*(에리, CO: Waters of Creation Publishing, 2009).
94. 교부들에게 세례식에서의 기름 부음은 감람나무이신 예수 그리스도께 참여하게 하고(예루살렘의 시릴, *Catechetical Lectures* 20.3), 치유하며(Euchology of Serapion, 인용, 다니엘루, Bible and Liturgy, 39), 육체적인 싸움에 대비하게 한다(슈도 디오니시우스, *Ecclesiastical Hierarchy* 3.6).
95. 헤르마스의 목자는 살아 있는 돌 하나하나가 세례의 물결을 타고 제자리로 돌아가는 것을 상상한다(*Shepherd of Hermas* 2.5.1).
96. 나훔 사르나, *Exploring Exodus: The Origins of Biblical Israel*(New York: Schocken, 2006), 203-4; L. 마이클 모랄레스, *The Tabernacle Pre-Figured: Cosmic Mountain Ideology in Genesis and Exodus*(Leuven: Peeters, 2012); 모랄레스, *Who Shall Ascend*, 94-100.

97. 참조, 모랄레스, *Tabernacle Pre-Figured*, 1-50.
98. 트리그, *Baptism in the Theology of Martin Luther*, 30-37, 177. 크리소스토무스에게 세례의 엑소시즘 시간은 왕의 도래를 위해 영혼을 정화하는 영적인 청소와 같다(*Baptismal Homilies* 2.12).
99. 신명기 12장은 여호와께서 이스라엘에게 단 하나의 성소에서 자신을 찾도록 명령하셨다고 가르친다. 루터는 이 본문을 하나님을 찾을 수 있는 자리 중 하나인 세례에 적용한다(트리그, *Baptism in the Theology of Martin Luther*, 25). 루터에게 하나님은 언제나 약속이 있는 곳, 즉 그분의 말씀, 세례, 성만찬, 회개의 자리에서 발견된다.
100. 이것은 루터의 초기 종교개혁의 선언 중 하나다. 참조, *The Babylonian Captivity of the Church*, LW 36:11-126.
101. 참조, 데일 앨리슨, *The New Moses: A Matthean Typology* (Eugene, OR: Wipf & Stock, 2013), 23-28.
102. 에프렘은 요단강의 '모태'에 대하여 말한다(On Christ as Light 3). 오리게네스에 따르면 홍해를 건너는 것은 '율법'의 세례이지만, 요단강을 건너는 것은 '복음'의 세례다(*Homilies on Joshua* 5-6).
103. *도덕경*(78)에서 말하듯, 물은 약해 보이지만 그렇지 않다.
    세상에 물보다 더 부드럽고 여린 것은 없다.
    그러나 단단하고 강한 것을 이기는 것 중에 물보다 나은 것은 없다.
    물은 적수가 없다.
    약한 것이 강한 것을 이기고
    부드러운 것이 단단한 것을 이긴다.
    하늘 아래 모든 이가 이것을 알지만,
    아무도 실천하지 못한다.
    (Translation by Gia-Fu Fent and Jane English. London: Wildwood House, 1991.
104. N. T. 라이트, *Jesus and the Victory of God*, The New Testament and the Question of God 2(Minneapolis: Fortress,

1996).

105. 에세네파와의 관계가 어떠하든, 요한은 그들의 신학을 반영한다. 이스라엘이 타락했고, 제사장직이 불법이라고 믿었던 사람들은 여호수아의 이야기를 거꾸로 재연하며 쿰란을 향해 떠났다. 그러나 그들은 언젠가는 다시 요단강을 건너 이스라엘 땅으로 돌아갈 수 있으리라 기대했다.

106. 예루살렘의 시릴, *Catechetical Lectures* 10.11; *Aphrahat, Demonstrations* 11.12. "세례 이후 어떤 전투, 어떤 전쟁이 우리를 기다리고 있는지 다시 배우기 원합니까?" 오리게네스는 이렇게 묻고 바울의 전신갑주를 인용하며 격려의 말로 대답한다: "왜 지체합니까? 우리가 전쟁에 나가서 이 세상의 악한 주요 도시들을 정복하고 교만한 죄의 성벽을 파괴합시다. 주변을 둘러볼 기회를 가지십시오. 당신이 반드시 차지해야 할 길이 어딘지, 전장이 어디인지 둘러 보십시오 … 당신 자신 외에는 그 어떤 것도 필요하지 않다. 당신의 내면이 바로 그 전장입니다"(*Homilies on Joshua* 5).

107. 오리게네스는 강과 말씀을 동일시하는 지점까지 연관 지어 설명한다: "우리는 반드시 … 요단강이 우리 가운데 육신이 되어 오신 하나님의 말씀이며, 그 몫을 분배하신 예수님(여호수아)를 통해 그분이 취하신 인성을 이해해야 한다"(인용, 다니엘루, *Bible and Liturgy*, 103). 노바티안(*Trinity* 29.16)은 세례를 받은 이들의 유업에 대한 보증으로서 성령을 강조한다.

108. 우리가 이미 천국의 가나안을 누리고 있다는 것을 상징하기 위해, 새로 세례를 받은 사람들은 때때로 우유와 꿀을 먹는다. 젠슨, *Baptismal Imagery*, 122–27; 퍼거슨, *Baptism in the Early Church*, 213, 315–16, 333. 참조, *Odes of Solomon* 19. 니사의 그레고리우스는 땅에 들어서는 것과 낙원에 재입성 하는 것의 유사점을 묘사하며 우유와 꿀을 언급한다: "너희는 오랫동안 진흙탕에서 헤매고 있었으니, 세례 요한의 외침이 아니라 그리스도의 음성을 듣고 요단강으로 서둘러 가라. 사실 은혜의 강은 모든 곳에 흘러내린다. 그것은 팔레스타인에서 솟아나

가까운 바다에서 사라지는 것이 아니라, 온 세상을 감싸고 낙원으로 흘러 들어가며, 그곳에서 내려오는 네 개의 강을 거슬러 흐르고, 그곳에서 나온 것보다 훨씬 더 귀한 것을 낙원으로 다시 가져온다. 그 강들은 달콤한 향기와 땅의 경작과 결실을 가져왔지만, 이 강은 성령으로 태어난 사람들을 다시 데려온다. 나사렛 사람 예수를 본받으라. 그분이 언약을 운반하셨던 것처럼 복음을 운반하라. 사막, 즉 죄를 떠나라. 요단강을 건너라. 그리스도를 따라 생명을 향해, 기쁨의 열매를 맺는 땅을 향해, 약속에 따라 젖과 꿀이 흐르는 땅을 향해 서둘러 가라"(인용, 다니엘루, *Bible and Liturgy*, 101 - 2).

109. 많은 찬송가에서 '요단강 건너'는 죽어서 천국으로 가는 길을 의미한다. 예를 들어 "요단강을 건널 때 / 내 불안과 두려움이 가라앉네 / 사망이 죽고 / 지옥이 무너지네 / 나를 가나안으로 평안히 도착하게 하소서"(윌리엄 윌리엄스, "Guide Me, O Thou Great Jehovah," 1745).
110. 참조, 요하네스 크리소스토무스, *Baptismal Homilies* 2.1, 22. 일부 성례에서는 세례 후에 군악대가 연주하는 입대식이 이어지기도 했다(젠슨, *Baptismal Imagery*, 83 - 84). See Basil, Exhortation 7.
111. 니사의 그레고리우스는 여리고 정복을 영적으로 해석한다. 정복해야 할 옛 성읍은 육신이다(*On the Baptism of Christ*). 그레고리의 말이 맞지만, 전장이 우리의 육신뿐만인 것은 아니다.
112. 참조, *The Freedom of a Christian*, LW 31:333 - 77.
113. *The Freedom of a Christian*, LW 31:344. 우리의 주되심은 지배가 아니라 사랑이다. 토마스 트라헤른은 "사람을 사랑하면 세상은 금방 당신의 것이 된다."라고 말했다. 당신이 사랑하는 사람들은 "당신의 보물이며, 그들을 섬기는 하늘과 땅의 모든 것이 당신의 것이다."(*Centuries of Meditations*, 버트람 벨 편역 [New York: Cosimo Classics, 2007], 2.64).
114. 몹수에스티아의 테오도르는 요한복음 3장 5절을 세례 본문으로 사용한다. 예수님께서 물을 언급하신 것은 "그 일이 물속에서 이

루어지기 때문"이며, 성령을 언급하신 것은 "성령이 물을 통해 그 능력을 행하시기 때문"이다. 물은 '자궁'이고, 성령님은 세례에서 일어나는 '중생'의 '실제 주체'시다. 세례의 죽음과 부활을 통과한 사람은 누구나 "다시 태어난다."라고 고백한다(*Commentary on the Gospel of John*, at 3:5). 일부 세례식에서는 성령님께서 모태가 되는 물에 '임재' 하시도록 간청하는 기도인 에피클레시스가 포함된다. 참조, 다니엘루, *Bible and Liturgy*(South Bend, IN: Notre Dame University Press, 1956), 48.

115. 종교개혁자 제롬에 따르면, "위에 계신 하나님의 영은 전차처럼 물 위로 움직이셔서 … 유아의 세계, 즉 세례의 물에서 끌어올린 일종의 그리스도인 자녀를 만들어 내셨다"(*Letters* 69.6).

116. 많은 저술가가 세례의 기름 부으심을 빛과 연결시킨다. 참조, 디오니시우스, *Ecclesiastical Hierarchy* 3; *Odes of Solomon* 11. 암브로스는 세례를 예수님께서 나면서부터 맹인인 사람의 눈에 "기름을 부어"(요 9:11) 고치신 것과 연결시킨다(*On the Sacraments* 3.13).

117. 요약, 참조, 젠슨, *Baptismal Imagery*, 40-42, 106-10; 퍼거슨, *Baptism in the Early Church*, 353-54, 426-27. 참조 *Gelasian Sacramentary* 1.40; *Hugh, On the Sacraments*, 299. 젠슨은 초기 세례에 기름 부음이 포함되지 않았음을 보여준다(*Baptismal Imagery*, 96-97). 나는 종교개혁자들의 외적인 의식에 대한 반대 입장에 동의한다. 성경적 의식은 물로 목욕을 하거나 물을 끼얹는 것인데, 다른 의식을 도입하면 혼란을 야기할 수 있다. 이것은 이론적인 문제가 아니다. 확인 의식이 한 예다. 확인 의식은 기름 부음이 입교 예식에서 제외되면서 별도의 의식으로 발전되었다. 가능한 모든 유익에도 불구하고 확인 의식은 세례의 효력에 대한 의구심을 불러일으키는 경우가 많다. 참조, J. D. C. 피셔, *Christian Initiation: Confirmation Then and Now*(Mundelein, IL: Hillenbrand Books, [1978] 2007).

118. 에프렘(*Hymns* 7.13)과 시릴(*Mystagogical Lectures* 2.3, 3.1)은 기름 부음이 우리를 올리브 나무이신 그리스도와 연결시켜 우리로 '그리스도'가 되게 한다고 말한다. 기름으로 기름 부음을 받는 것은 다양한 방식으로 성령의 기름 부으심과 연결된다(*Cyril, Mystagogical Lectures* 3.1-2). 세례를 받을 지원자들은 경기를 준비하는 운동선수처럼 기름을 바른다(암브로스, *On Sacraments* 1.4). 그것은 기쁨의 기름이며(시릴, *Mystagogical Lectures* 3.2) 우리를 그리스도의 향기로 향기롭게 하는 향수다.
119. 이사야 11장의 성령 충만한 종은 정의를 실현하고, 억압받는 이들을 구원하며, 포로들을 해방시키고, 들짐승과 가축을 화해시키며, 이 땅에 의와 평화가 샘솟게 하는 인물과 유사하다는 점에 주목하라.
120. 저스틴은 부자와 가난한 사람 모두 세례의 축복을 받는다고 강조했다(*First Apology* 6-7).
121. 참조, the hymn of Prudentius in 젠슨, *Baptismal Imagery*, 68-69.
122. 키프리안은 성령이 남성과 여성 모두에게 내리신다고 강조한다(*Epistle* 69.14).
123. 레오, *Epistle* 16.
124. 아브라함 헤셸, *The Prophets*(Peabody, MA: Hendrickson, 2007).
125. 인용, 다니엘루, *Bible and Liturgy*(South Bend, IN: Notre Dame University Press, 1956), 106.
126. 니샤의 그레고리우스, *On the Baptism of Christ. See Ambrose, On the Sacraments* 2.11.
127. 오리게네스, *Commentary on the Gospel According to John* 6.238. 예루살렘의 시릴도 같은 맥락에서 세례와 성찬을 연결시키지만, 더 넓은 맥락에서 설명한다. "누군가와 언약을 맺는 곳에는 물도 함께 있다. 홍수 이래로 노아와의 언약이 세워졌다. 시내산에서 맺은 언약은 물과 주홍빛 양털과 우슬초와 함께 … 엘리야는 승천했지만, 물을 멀리하여 간 것이 아니다. 그는 먼

저 요단강을 건넌 다음 병거를 타고 하늘로 올라갔다" (*Catechectical Lectures* 3.5).

128. 순교자 저스틴은 "그리스도는 나무 십자가에 못 박히시고 물로 [우리를] 정결하게 하심으로 우리를 구속하셨다"(저스틴, *Dialogue with Trypho*, 86). 소경 디디무스도 동의한다. "나무를 가져다가 찾는 물건이 있는 곳에 던져 넣은 것은 영광스러운 십자가를 상징힌다. 요단강은 영원한 세례 … 물 위로 떠올라 잃어버린 사람에게로 돌아온 쇠도끼는 우리가 세례로 말미암아 하늘 높이 올라 옛 본향의 은혜를 되찾는다는 것을 의미한다"(인용, 다니엘루, *Bible and Liturgy*, 108).
129. 레이몬드 B. 딜라드, *Faith in the Face of Apostasy: The Gospel According to Elijah and Elisha*(Phillipsburg, NJ: P&R, 1999), 121-26.
130. 오리게네스, *Commentary on the Gospel of John* 6.244. 참조, 암브로스: "내 생각에 그의 영혼의 문둥병은 육체의 문둥병처럼 깨끗해졌다. 왜냐하면 그가 물에 들어간 직후, 병의 흔적이 완전히 없어진 자신을 보고 더 이상 이방 신들에게 제사를 드리지 않고 오직 주님께만 제사를 드리겠다고 선언했기 때문이다"(*Commentary on the Gospel of Luke* 4.51). 참조, 에프렘, *Hymns for Epiphany* 1.3.
131. 초대교회에서는 세례 지원자들이 종종 옷을 벗고 알몸으로 세례를 받았다. 씻김과 기름 부음을 받은 후, 그들은 눈부시게 흰 선지자의 옷을 입고 천사들의 경이로움을 자아냈다. 참조, 암브로스, *On the Sacraments* 4.5.

사용된 저서

암브로스. *Commentary of Saint Ambrose on the Gospel according to Saint Luke*. Translated by Ide M. Ni Riain. Dublin: Halcyon Press, 2001.

———. *The Mysteries. In Ambrose, Theological and Dogmatic Works*. Fathers of the Church 44. Translated by Roy J. Deferrari. Washington, DC: Catholic University of America Press, 1963.

———. *On the Sacraments. In Ambrose, Theological and Dogmatic Works*. Fathers of the Church 44. Translated by Roy J. Deferrari. Washington, DC: Catholic University of America Press, 1963.

아프라하트. *Demonstrations*. In Philip Schaff and Henry Wace, eds., Nicene and Post-Nicene Fathers, 2nd ser., vol. 13. Translated by John Gwynn. Buffalo, NY: Christian Literature Publishing, 1980.

토마스 아퀴나스. *Summa Theologiae: A Concise Translation*. 5

vols. Translated by Fathers of English Dominican Province. Allen, TX: Christian Classics, [1948] 1981.

아리스티데스. *Apology. In Allan Menzies*, ed., Ante-Nicene Fathers 9. Translated by D. M. Kay. Buffalo, NY: Christian Literature Publishing, 1896.

아우구스티누스. *Answer to Faustus, A Manichean. In Works of St. Augustine: A Translation for the 21st Century*. Translated by Elizabeth Ruth Obbard. Hyde Park, NY: New City Press, 2007.

———. *On Baptism*, against the Donatists. In Philip Schaff, ed., Nicene and Post-Nicene Fathers, 1st ser., vol. 4. Translated by J. R. King. Buffalo, NY: Christian Literature Publishing, 1887.

———. *Enchiridion*. In Augustine, *Confessions and Enchiridion*. Library of Christian Classics 7. Translated by Albert C. Outler. Louisville: Westminster Press, 1955.

바실 대제. *Exhortation to Baptism*. In Basil, A Treatise on Baptism; With an Exhortation to Receive It. Translated by Francis Patrick Kenrick. Philadelphia: M. Fithian, 1843.

———. *On the Holy Spirit*. In Basil, *The Treatise of St. Basil the Great*. Christian Classics Series 4. Translated by George Lewis. London: Religious Tract Society, 1888.

하인리히리 블링거. *The Decades of Henry Bullinger*. 4 vols. Translated by H. I. Cambridge: Cambridge University Press, 1849-1852.

장 칼뱅. *Institutes of the Christian Religion*. 2 vols. Library of Christian Classics. Translated by Ford Lewis Battles. Louisville, KY: Westminster John Knox Press, 1960.

키프리안. *Epistle* 69. In Cyprian, Letters (1-81). Fathers of the

Church 51. Translated by Rose Bernard Donna. Washington, DC: Catholic University of American Press, 1964.

예루살렘의 시릴. *Catechetical Lectures*. Philip Schaff and Henry Wace, eds., Nicene and Post-Nicene Fathers, 2nd ser., vol. 7. Translated by Edwin Hamilton Gifford. Buffalo, NY: Christian Literature Publishing, 1894.

———. *Mystagogical Lectures*. In Cyril, Works, vol. 2. Fathers of the Church 64. Translated by Leo P. McCauley and Anthony A. Stephenson. Washington, DC: Catholic University of America Press, 1970.

디오니시우스. *Ecclesiastical Hierarchy*. In Dionysius, The Ecclesiastical Hierarchy. Studies in Sacred Theology, 2nd ser., vol. 83. Translated by Thomas L. Campbell. Washington: Catholic University of America Press, 1955.

에프렘. *On Christ as Light in Mary and Jordan*. Sebastian Brock, trans., "St. Ephrem on Christ as Light in Mary and in the Jordan: Hymni de Ecclesia 36." *Eastern Churches Review* 7 (1975): 137 - 44.

———. *Hymns*. In Sebastian Brock, trans., *The Harp of the Spirit: Poems of Saint Ephrem the Syrian*. Cambridge, UK: Institute for Orthodox Christian Studies, 2013.

———. *Hymns for Epiphany*. In Thomas M. Finn, *Early Christian Baptism and the Catechumenate: West and East Syria*. Message of the Fathers of the Church 5. Translated by Sebastian Brock. Collegeville, MN: Liturgical Press, 1992.

Gelasian Sacramentary. In 토마스 핀, *Early Christian Baptism and the Catechumenate: Italy, North Africa*, and Egypt. Message of the Fathers of the Church 6. Collegeville, MN:

Liturgical Press, 1992.

나지안주스의 그레고리우스. *Oration 40, On Baptism*. Philip Schaff and Henry Wace, eds., Nicene and Post-Nicene Fathers, 2nd ser., vol. 7. Translated by Charles Gordon Browne and James Edward Swallow. Buffalo, NY: Christian Literature Publishing, 1894.

니샤의 그레고리우스. *On the Baptism of Christ*. Philip Schaff and Henry Wace, eds., Nicene and Post-Nicene Fathers, 2nd ser., vol. 5. Translated by H. A. Wilson. Buffalo, NY: Christian Literature Publishing, 1893.

성 빅터의 휴. *On the Sacraments*. Translated by Roy Deferrari. Cambridge, MA: Mediaeval Academy of America, 1951.

이레나이우스. *Against the Heresies*. Translated by Dominic J. Unger. New York: Newman Press, 1992.

제롬. *Letters*. Philip Schaff and Henry Wace, eds., Nicene and Post-Nicene Fathers, 2nd ser., vol. 6. Translated by W. H. Fremantle, G. Lewis and W. G. Martley. Buffalo: Christian Literature Publishing, 1893.

요하네스 크리소스토무스. *Baptismal Homilies*. In Edward Yarnold, trans., *The Awe-Inspiring Rites of Initiation: Baptismal Homilies of the Fourth Century*. Middlegreen, Slough: St. Paul Publications, 1972.

저스틴. *Dialogue with Trypho the Jew*. Alexander Roberts, et al., eds., Ante-Nicene Fathers 1. Translated by Marcus Dods and George Reith. Buffalo, NY: Christian Literature Publishing Co., 1885.

———. *First Apology*. In Justin, *Justin Martyr*. Fathers of the Church 6. Translated by Thomas B. Falls. Washington, DC: Catholic University of America Press, 1948.

레오 대제. *Epistle 16 to Sicilian*. In Leo, Letters. Fathers of the Church 34. Translated by Edmund Hunt. Washington, DC: Catholic University of American Press, 1957.

마르틴 루터. *The Babylonian Captivity of the Church*. In Luther, Three Treatises. Translated by A. T. W. Steinhauser. Philadelphia: Fortress Press, 1970.

———. *The Freedom of a Christian*. In Luther, Three Treatises. Translated by W. A. Lambert. Philadelphia: Fortress Press, 1970.

———. *Lectures on Genesis, Chapters 15–20*. Jaroslav Pelikan, ed., *Luther's Works*, vol. 3. Translated by George V. Schick. St. Louis: Concordia, 1986.

———. *Small Catechism*. St. Louis, MO: Concordia Publishing House, 1986.

마테테스. *Epistle to Diognetus*. Alexander Roberts, et al., eds., Ante–Nicene Fathers 1. Translated by Alexander Roberts and James Donaldson. Buffalo, NY: Christian Literature Publishing, 1885.

사데의 멜리토. On Baptism. In Melito of Sardis, *On Pascha and Fragments*. Oxford Early Christian Texts. Translated by Stuart G. Hall. Oxford: Clarendon, 1979.

나르사이. *Metrical Homilies on the Nativity, Epiphany, Passion, Resurrection, and Ascension*. Patrologia Orientalis 182. Translated by Frederick G. McLeod. Turnhout, Belgium: Brepols, 1979.

노바티안. *The Trinity. In Novatian, The Trinity; The Spectacles; Jewish Foods; In Praise of Purity; Letters*. Fathers of the Church 67. Translated by Russell J. DeSimone. Washington, DC: Catholic University of America Press, 1972.

Odes of Solomon. In 제임스 H. 찰스워스, ed., *The Old Testament Pseudepigrapha*, vol. 2. Garden City: Doubleday, 1985.

옵타투스. *Against Donatists.* In Optatus, *The Work of Saint Optatus Against the Donatists.* Translated by O. R. Vassall–Phillips. London: Longmans, Green, 1917.

오리게네스. *Commentary on the Epistle to the Romans*, Books 1–5. Fathers of the Church 103. Translated by Thomas P. Sheck. Washington, DC: Catholic University of America Press, 2009.

———. *Commentary on the Gospel of John, Books 1–10.* Fathers of the Church 80. Translated by Ronald E. Heine. Washington, DC: Catholic University of America Press, 1989.

———. *Homilies on Exodus.* In Origin, Homilies on Genesis and Exodus. Fathers of the Church 71. Translated by Ronald E. Heine. Washington, DC: Catholic University of America Press, 1982.

———. *Homilies on Joshua.* Fathers of the Church 105. Translated Barbara J. Bruce. Washington, DC: Catholic University of America Press, 2002.

헤르마스의 목자. *In The Apostolic Fathers.* Fathers of the Church 1. Translated by Joseph M.–F. Marique. Washington, DC: Catholic University of America Press, 1947.

도덕경. Translated by Gia–Fu Fent and Jane English. London: Wildwood House, 1991.

그레고리의 가르침. *In The Teaching of Saint Gregory: An Early Armenian Catechism.* Harvard Armenian Texts and Studies 3. Translated by R. W. Thomson. Cambridge, MA: Harvard University Press, 1970.

테르툴리아누스. *Homily on Baptism*. Translated by Ernest Evans. London: SPCK, 1964.

몹수에스티아의 테오도르. Baptismal Homilies. In Edward Yarnold, trans., *The Awe-Inspiring Rites of Initiation: Baptismal Homilies of the Fourth Century*. Middlegreen, Slough: St. Paul Publications, 1972.

———. *Commentary on the Gospel of John*. Ancient Christian Texts. Edited by Joel C. Elowsky. Translated by Marco Conti. Downers Grove, IL: InterVarsity Press, 2010.

테오도투스. *Excerpta*. In Robert P. Casey, ed., *The Excerpta ex Theodoto of Clement of Alexandria*. London: Christophers, 1934.

베로나의 제노. *Invitations to the Baptismal Font*. In A.-G. Hamann, ed., *Baptism: Ancient Liturgies and Patristic Texts*. Translated by Thomas Halton. Staten Island: Alba House, 1967.

참고 도서

데일 엘리슨. *The New Moses: A Matthean Typology*. Eugene, OR: Wipf & Stock, 2013.

알릭 바르톨로뮤. *The Spiritual Life of Water: Its Power and Purpose*. Rochester, VT: Park Street Press, 2010.

매튜 W. 베이츠. *Salvation by Allegiance Alone: Rethinking Faith, Works, and the Gospel of Jesus the King*. Grand Rapids: Baker, 2017.

리차드 벡. *Unclean: Meditations on Purity, Hospitality, and Morality*. Cambridge: Lutterworth Press, 2012.

폴 브래드쇼. *In Search for the Origins of Christian Worship: Sources and Methods for the Study of Early Liturgy*. Oxford: Oxford University Press, 2002.

피터 크레이머. "Baptismal Practice in Germany." In Miri Rubin, ed., *Medieval Religion in Practice*. Princeton Readings in Religion. Princeton: Princeton University Press, 2009.

장 다니엘루. *The Bible and the Liturgy*. South Bend, IN: University of Notre Dame Press, 1956.

레이몬드 B. 달라드. *Faith in the Face of Apostasy: The Gospel According to Elijah & Elisha*. Phillipsburg, NJ: P&R, 1999.

마사루 에모토. *The Hidden Messages of Water*. New York: ATRIA Books, 2005.

———. *Secret Life of Water*. New York: ATRIA Books, 2011.

에버렛 퍼거슨. *Baptism in the Early Church: History, Theology, and Liturgy in the First Five Centuries*. Grand Rapids: Eerdmans, 2009.

토마스 M. 핀. *Early Christian Baptism and the Catechumenate: West and East Syria*. Message of the Fathers of the Church 5. Collegeville, MN: Liturgical Press, 1992.

———. *Early Christian Baptism and the Catechumenate: Italy,* North Africa, and Egypt. Message of the Fathers of the Church 6. Collegeville, MN: Liturgical Press, 1992.

J. D. C. 피셔. *Christian Initiation: Confirmation Then and Now*. Chicago: Hillenbrand Books, [1978] 2005.

———. *Christian Initiation: The Reformation Period*. London: SPCK, 1970.

데이비드 포르만. *The Exodus You Almost Passed Over*. New York: Alpha Beta Press, 2016.

팀 갤런트. *Feed My Lambs: Why the Lord's Table Should Be Restored to Covenant Children*. Grande Prairie, Albert: Pactum Reformanda, 2002.

아브라함 헤셀. *The Prophets*. *Peabody*, MA: Hendrickson, 2007.

로빈 M. 젠슨. *Baptismal Imagery in Early Christianity*. Grand Rapids: Baker, 2012.

요한 바오로 2세. *Man and Woman He Created Them: A Theology of the Body*. Boston: Pauline Books, 2006.

———. *The Whole-Burnt Sacrifice: Its Liturgy and Meaning*. Biblical Horizons Occasional Paper 11. Niceville, FL: Biblical Horizons, 1991.

H. A. 켈리. *The Devil at Baptism: Ritual, Theology, and Drama*. Eugene, OR: Wipf & Stock, 2004.

로버트 콜브. *Making Disciples, Baptizing: God's Gift of New Life and Christian Witness*. St. Louis, MO: Concordia Seminary, 1997.

윌리엄 랑게비쉬. *The Outlaw Sea: A World of Freedom, Chaos, and Crime*. New York: North Point Press, 2004.

피터 레이하트. *The Baptized Body*. Moscow, Idaho: Canon Press, 2007.

———. "Conjugating the Rites: Old and New in Augustine's Theory of Signs." *Calvin Theological Journal 34* (1999): 136-47.

———. *Delivered from the Elements of the World: Atonement, Justification*, Mission. Downers Grove, IL: InterVarsity Press, 2016.

———. "Infant Baptism in History: An Unfinished Tragicomedy." In Gregg Strawbridge, ed., *The Case for Covenantal Infant Baptism*. Phillipsburg, NJ: P&R Publishing, 2003.

———. *Priesthood of the Plebs:* A Theology of Baptism. Eugene, OR: Wipf & Stock, 2003.

주디스 리우. *Neither Jew nor Greek? Constructing Early Christianity*. London: Bloomsbury, 2015.

마이클 모랄레스. *The Tabernacle Pre-Figured: Cosmic Mountain Ideology in Genesis and Exodus*. Leuven: Peeters, 2012.

———. *Who Shall Ascend to the Mountain of the Lord? A Biblical Theology of the Book of Leviticus*. New Studies in

Biblical Theology 37. Downers Grove, IL: InterVarsity Press, 2015.

휴즈 올리펀트 올드. *The Shaping of the Reformed Baptismal Rite in the Sixteenth Century*. Grand Rapids: Eerdmans, 1992.

피터 사보. "Drawing Out Moses: Water as a Personal Motif of the Biblical Character." In *Thinking of Water in the Early Second Temple Period*, edited by Ehud Ben Zvi and Christoph Levin, 409–36. Beihefte zur Zeitschrift fur die alttestamentliche Wissenschaft, Band 461. Berlin: Walter de Gruyter, 2014.

나훔 사르나. *Exploring Exodus:* The Origins of Biblical Israel. New York: Schocken, 2006.

알렉산더 슈메만. *Of Water and the Spirit: A Liturgical Study of Baptism*. Crestwood, NY: St. Vladimir's Seminary Press, 2001.

토마스 트라헤른. *Centuries of Meditation*. Bertram Dobell, ed. New York: Cosimo Classics, 2007.

조나단 D. 트리그. *Baptism in the Theology of Martin Luther*. Studies in the History of Christian Thought 56. Leiden: Brill, 1994.

더글러스 반 도른. *Waters of Creation: A Biblical-Theological Study of Baptism*. Eerie, CO: Waters of Creation Publishing, 2009.

개리 윌스. *Font of Life: Ambrose, Augustine, and the Mystery of Baptism*. Oxford: Oxford University Press, 2012.

칼 비트포겔. *Oriental Despotism: A Comparative Study of Total Power*. New Haven, CT: Yale University Press, 1957.

세계교회협의회. *Baptism, Eucharist,* and Ministry. Faith and

Order Paper 111. Geneva: World Council of Churches, 1982.

데이비드 F. 라이트. *Infant Baptism in Historical Perspective.* Eugene, OR: Wipf & Stock, 2007.

N. T. 라 이 트 . *The Climax of the Covenant.* Minneapolis: Fortress, 1993.

———. *Colossians and Philemon:* An Introduction and Commentary. Tyndale New Testament Commentaries 12. Downers Grove, IL: InterVarsity Academic, 2008.

———. *Jesus and the Victory of God.* The New Testament and the Question of God 2. Minneapolis: Fortress, 1996.

———. "New Exodus, New Inheritance: The Narrative Substructure of Romans 3–8." In S. Soderlund and N. T. Wright, eds., *Romans and the People of God: Essays in Honor of Gordon D. Fee on the Occasion of His 65th Birthday.* Grand Rapids: Eerdmans, 1999.

에드워드 야놀드. *The Awe-Inspiring Rites of Initiation: Baptismal Homilies of the Fourth Century.* Middlegreen, Slough: St. Paul Publications, 1972.

성구 색인

구약성경

창세기

출애굽기

신약성경

인명 색인

하

A-Z

옮긴이 **김용균**은 복음으로 청년들의 가슴에 감동과 영감을 불어 넣는 말씀 사역자로, "기본으로 돌아가라!", "다시 한 번 해보자!"를 수없이 외치며 신앙의 기초를 세우기 위해 제자훈련을 거듭했던 영적 코칭의 전문가이다. 지금도 길을 잃은 영혼들의 디딤돌이 되고자 상담가의 길을 걸으며, 더욱 전문적인 현장 목회자로서의 길을 걷고 있다.

한양대학교 경영학과 B.A
장로회신학대학교 신대원 M.Div
숭실대학교 기독교 상담 Th.M

기획자 **이상영**은 현재, 학원을 운영하며 19년째 학생들을 가르치고 있다. 여타 학원들처럼 입시 성공만을 목적으로 두지 않으려고 애쓰고 있다. 꿈도 없이 학교와 학원만 오가며 맹목적으로 살아가는 청소년들에게, 소소한 꿈 이야기를 들려주고자 노력 중이다. 아울러, 기독교 출판을 기획하면서 본『크리스천 에센셜』시리즈가 흐릿한 세상에 작지만 따스한 빛이 되어주길 간절히 기도한다.

중앙대학교 일반대학원 M.A.
솔라피데출판사 기획팀
와이즈(WHY's)학원 원장/청소년상담사